故宫

博物院藏文物珍品大系

故宫博物院藏文物珍品大系

金属胎珐琅器

主编：李久芳

上海科学技术出版社

商务印书馆（香港）

金属胎珐琅器
Metal-bodied Enamel Ware

故宫博物院藏文物珍品大系
The Complete Collection of Treasures of the Palace Museum

主　　编	李久芳
副主编	陈丽华　张　荣
编　　委	李永兴　倪如荣
摄　　影	刘志岗
出 版 人	陈万雄　胡大卫
编辑统筹	张倩仪
编辑顾问	吴　空
责任编辑	田　村　周祖贻　王占军
设　　计	严欣强
出　　版	上海世纪出版股份有限公司 上海科学技术出版社 上海钦州南路 71 号 商务印书馆（香港）有限公司 香港筲箕湾耀兴道3号东汇广场8楼
制　　版	中华商务彩色印刷有限公司 香港新界大埔汀丽路36号中华商务印刷大厦
印　　刷	深圳中华商务联合印刷有限公司 深圳市龙岗区平湖镇春湖工业区中华商务印刷大厦
版　　次	2001年11月第1版第1次印刷 2008年 2月第1版第2次印刷 2013年 1月第1版第3次印刷 ©2001　商务印书馆（香港）有限公司　（繁体版） ©2001　上海科学技术出版社 　　　　商务印书馆（香港）有限公司　（简体版）
规　　格	大16开 (216 × 286mm) 288面
国际书号	ISBN 978-7-5323-6316-2/J·40

版权所有，不准以任何方式，在世界任何地区，以中文或其他任何文字翻印、仿制或转载本书图版和文字之一部分或全部。

© 2001 The Commercial Press (Hong Kong) Ltd. All rights reserved. No part of this publication may be reproduced, stored in a retrieval system, or transmitted in any form or by any means, electronic, mechanical, photocopying, recording and/or otherwise without the prior written permission of the publishers.

本版图书仅在中国大陆地区发行。

Condition of sale
This book is sold subject to the condition that it shall, by way of trade or otherwise, be distributed in Mainland China only.

故宫博物院藏文物珍品大系

特邀顾问：（以姓氏笔画为序）
　　　　　王世襄　　王　尧　　李学勤
　　　　　启　功　　张政烺　　金维诺
　　　　　宿　白

总编委：（以姓氏笔画为序）
　　　　　于倬云　　朱诚如　　朱家溍
　　　　　孙关根　　杜迺松　　李辉柄
　　　　　邵长波　　张忠培　　肖燕翼
　　　　　杨　新　　杨伯达　　单国强
　　　　　郑珉中　　胡　锤　　施安昌
　　　　　耿宝昌　　徐邦达　　徐启宪
　　　　　聂崇正

主　编：　杨　新

编委办公室：
主　任：　徐启宪
成　员：　冯乃恩　　杜迺松　　李辉柄
　　　　　邵长波　　单国强　　郑珉中
　　　　　胡　锤　　秦风京　　郭福祥
　　　　　聂崇正

总摄影：　胡　锤

总序

杨新

故宫博物院是在明、清两代皇宫的基础上建立起来的国家博物馆，位于北京市中心，占地72万平方米，收藏文物近百万件。

公元1406年，明代永乐皇帝朱棣下诏将北平升为北京，翌年即在元代旧宫的基址上，开始大规模营造新的宫殿。公元1420年宫殿落成，称紫禁城，正式迁都北京。公元1644年，清王朝取代明帝国统治，仍建都北京，居住在紫禁城内。按古老的礼制，紫禁城内分前朝、后寝两大部分。前朝包括太和、中和、保和三大殿，辅以文华、武英两殿。后寝包括乾清、交泰、坤宁三宫及东、西六宫等，总称内廷。明、清两代，从永乐皇帝朱棣至末代皇帝溥仪，共有24位皇帝及其后妃都居住在这里。1911年孙中山领导的"辛亥革命"，推翻了清王朝统治，结束了两千余年的封建帝制。1914年，北洋政府将沈阳故宫和承德避暑山庄的部分文物移来，在紫禁城内前朝部分成立古物陈列所。1924年，溥仪被逐出内廷，紫禁城后半部分于1925年建成故宫博物院。

历代以来，皇帝们都自称为"天子"。"普天之下，莫非王土；率土之滨，莫非王臣"（《诗经·小雅·北山》），他们把全国的土地和人民视作自己的财产。因此在宫廷内，不但汇集了从全国各地进贡来的各种历史文化艺术精品和奇珍异宝，而且也集中了全国最优秀的艺术家和匠师，创造新的文化艺术品。中间虽屡经改朝换代，宫廷中的收藏损失无法估计，但是，由于中国的国土辽阔，历史悠久，人民富于创造，文物散而复聚。清代继承明代宫廷遗产，到乾隆时期，宫廷中收藏之富，超过了以往任何时代。到清代末年，英法联军、八国联军两度侵入北京，横烧劫掠，文物损失散佚殆不少。溥仪居内廷时，以赏赐、送礼等名义将文物盗出宫外，手下人亦效其尤，至1923年中正殿大火，清宫文物再次遭到严重损失。尽管如此，清宫的收藏仍然可观。在故宫博物院筹备建立时，由"办理清室善后委员会"对其所藏进行了清点，事竣后整理刊印出《故宫物品点查报告》共六编28

册，计有文物117万余件（套）。1947年底，古物陈列所并入故宫博物院，其文物同时亦归故宫博物院收藏管理。

二次大战期间，为了保护故宫文物不至遭到日本侵略者的掠夺和战火的毁灭，故宫博物院从大量的藏品中检选出器物、书画、图书、档案共计13427箱又64包，分五批运至上海和南京，后又辗转流散到川、黔各地。抗日战争胜利以后，文物复又运回南京。随着国内政治形势的变化，在南京的文物又有2972箱于1948年底至1949年被运往台湾，50年代南京文物大部分运返北京，尚有2211箱至今仍存放在故宫博物院于南京建造的库房中。
中华人民共和国成立以后，故宫博物院的体制有所变化，根据当时上级的有关指令，原宫廷中收藏图书中的一部分，被调拨到北京图书馆，而档案文献，则另成立了"中国第一历史档案馆"负责收藏保管。

50至60年代，故宫博物院对北京本院的文物重新进行了清理核对，按新的观念，把过去划分"器物"和书画类的才被编入文物的范畴，凡属于清宫旧藏的，均给予"故"字编号，计有711338件，其中从过去未被登记的"物品"堆中发现1200余件。作为国家最大博物馆，故宫博物院肩负有搜藏保护流散在社会上珍贵文物的责任。1949年以后，通过收购、调拨、交换和接受捐赠等渠道以丰富馆藏。凡属新入藏的，均给予"新"字编号，截至1994年底，计有222920件。

这近百万件文物，蕴藏着中华民族文化艺术极其丰富的史料。其远自原始社会、商、周、秦、汉，经魏、晋、南北朝、隋、唐，历五代两宋、元、明，而至于清代和近世。历朝历代，均有佳品，从未有间断。其文物品类，一应俱有，有青铜、玉器、陶瓷、碑刻造像、法书名画、印玺、漆器、珐琅、丝织刺绣、竹木牙骨雕刻、金银器皿、文房珍玩、钟表、珠翠首饰、家具以及其他历史文物等等。每一品种，又自成历史系列。可以说这是一座巨大的东方文化艺术宝库，不但集中反映了中华民族数千年文化艺术的历史发展，凝聚着中国人民巨大的精神力量，同时它也是人类文明进步不可缺少的组成元素。

开发这座宝库，弘扬民族文化传统，为社会提供了解和研究这一传统的可信史料，是故宫博物院的重要任务之一。过去我院曾经通过编辑出版各种图书、画册、刊物，为提供这方面资料作了不少工作，在社会上产生了广泛的影响，对于推动各科学术的深入研究起到了良好的作用。但是，一种全面而系统地介绍故宫文物以一窥全豹的出版物，由于种种原因，尚未来得及进行。今天，随着社会的物质生活的提高，和中外文化交流的频繁往来，无论是中国还是西方，人们越来越多地注意到故宫。学者专家们，无论是专门研究中国的文化历史，还是从事于东、西方文化的对比研究，也都希望从故宫的藏品中发掘资料，以探索人类文明发展的奥秘。因此，我们决定与香港商务印书馆、上海科学技术出版社共同努力，合作出版一套全面系统地反映故宫文物收藏的大型图册。

要想无一遗漏将近百万件文物全都出版，我想在近数十年内是不可能的。因此我们在考虑到社会需要的同时，不能不采取精选的办法，百里挑一，将那些最具典型和代表性的文物集中起来，约有一万二千余件，分成六十卷出版，故名《故宫博物院藏文物珍品大系》。这需要八至十年时间才能完成，可以说是一项跨世纪的工程。六十卷的体例，我们采取按文物分类的方法进行编排，但是不囿于这一方法。例如其中一些与宫廷历史、典章制度及日常生活有直接关系的文物，则采用特定主题的编辑方法。这部分是最具有宫廷特色的文物，以往常被人们所忽视，而在学术研究深入发展的今天，却越来越显示出其重要历史价值。另外，对某一类数量较多的文物，例如绘画和陶瓷，则采用每一卷或几卷具有相对独立和完整的编排方法，以便于读者的需要和选购。

如此浩大的工程，其任务是艰巨的。为此我们动员了全院的文物研究者一道工作。由院内老一辈专家和聘请院外若干著名学者为顾问作指导，使这套大型图册的科学性、资料性和观赏性相结合得尽可能地完善完美。但是，由于我们的力量有限，主要任务由中、青年人承担，其中的错误和不足在所难免，因此当我们刚刚开始进行这一工作时，诚恳地希望得到各方面的批评指正和建设性意见，使以后的各卷，能达到更理想之目的。

感谢香港商务印书馆、上海科学技术出版社的忠诚合作！感谢所有支持和鼓励我们进行这一事业的人们！

1995年8月30日于灯下

目录

总 序 6

文物目录 10

导言 16

图版

掐丝珐琅 1

画珐琅 179

文物目录

掐丝珐琅

1
掐丝珐琅缠枝莲纹兽耳三环尊
元　　2

2
掐丝珐琅缠枝莲纹龙耳瓶
元　　3

3
掐丝珐琅缠枝莲纹藏草瓶
元　　4

4
掐丝珐琅缠枝莲纹象耳炉
元　　5

5
掐丝珐琅缠枝莲纹三足炉
元　　6

6
掐丝珐琅缠枝莲纹兽耳炉
元　　8

7
掐丝珐琅缠枝莲纹三足炉
元　　9

8
掐丝珐琅缠枝莲纹象首足炉
元　　10

9
掐丝珐琅缠枝莲纹梅瓶
明早期　　11

10
掐丝珐琅兽环耳玉壶春瓶
明早期　　12

11
掐丝珐琅缠枝莲纹熏炉
明早期　　13

12
掐丝珐琅缠枝莲纹龙耳炉
明早期　　14

13
掐丝珐琅葡萄纹绳耳炉
明早期　　15

14
掐丝珐琅葡萄纹冲耳炉
明早期　　16

15
掐丝珐琅葡萄纹螭耳鼓式炉
明早期　　17

16
掐丝珐琅缠枝莲纹兽耳鼓式炉
明早期　　18

17
掐丝珐琅菊花纹双螭耳炉
明早期　　19

18
掐丝珐琅菊花纹螭耳熏炉
明早期　　20

19
掐丝珐琅缠枝莲纹球形香熏
明早期　　21

20
掐丝珐琅花蝶纹海棠式盆
明早期　　22

21
掐丝珐琅七狮戏球图长方盘
明早期　　23

22
掐丝珐琅缠枝莲纹直颈瓶
明宣德　　24

23
掐丝珐琅缠枝莲纹龙耳炉
明宣德　　25

24
掐丝珐琅花果纹出戟觚
明宣德　26

25
掐丝珐琅缠枝莲纹出戟觚
明宣德　27

26
掐丝珐琅缠枝莲纹出戟觚
明宣德　28

27
掐丝珐琅缠枝莲纹碗
明宣德　29

28
掐丝珐琅缠枝花卉纹盏托
明宣德　30

29
掐丝珐琅缠枝花纹字铭盏托
明宣德　31

30
掐丝珐琅缠枝花卉纹高足杯
明宣德　32

31
錾胎珐琅缠枝莲纹圆盒
明宣德　33

32
掐丝珐琅瓜果纹圆盒
明宣德　34

33
掐丝珐琅葡萄纹圆盒
明宣德　35

34
掐丝珐琅瓜蝶纹瓜式灯座
明宣德　36

35
掐丝珐琅狮戏纹藏草瓶
明中期　37

36
掐丝珐琅缠枝莲纹藏草瓶
明中期　38

37
掐丝珐琅缠枝花卉纹贯耳瓶
明中期　39

38
掐丝珐琅缠枝菊花纹螭耳直颈瓶
明中期　40

39
掐丝珐琅八狮纹三环尊
明中期　41

40
掐丝珐琅云鹤纹蟠螭耳炉
明中期　42

41
掐丝珐琅狮戏纹三足炉
明中期　43

42
掐丝珐琅应龙纹三足炉
明中期　44

43
掐丝珐琅缠枝莲纹三足炉
明中期　45

44
掐丝珐琅花蝶纹香筒
明中期　46

45
掐丝珐琅狮龙纹碗
明中期　47

46
掐丝珐琅龙凤纹盘
明嘉靖　48

47
掐丝珐琅双龙戏珠纹花口盘
明万历　49

48
掐丝珐琅缠枝茶花纹盘
明万历　50

49
掐丝珐琅八宝纹长方熏炉
明万历　51

50
掐丝珐琅万寿如意纹三足炉
明万历　52

51
掐丝珐琅双龙捧寿纹四足炉
明万历　53

52
掐丝珐琅菊花纹圆盒
明万历　54

53
掐丝珐琅缠枝灵芝纹圆盒
明万历　55

54
掐丝珐琅缠枝菊花纹烛台
明万历　56

55
掐丝珐琅甪端
明万历　57

56
掐丝珐琅莲托八宝纹蟠螭蒜头瓶
明晚期　58

57
掐丝珐琅龙戏珠纹方瓶
明晚期　59

58
掐丝珐琅花蝶纹玉壶春瓶
明晚期　60

59
掐丝珐琅松竹梅纹出戟瓶
明晚期　61

60
掐丝珐琅夔龙纹双螭瓶
明晚期　62

61
掐丝珐琅灵芝仙鹤纹寿字觚
明晚期　63

62
掐丝珐琅荷塘白鹭图缸
明晚期　64

63
掐丝珐琅五伦图梅花式大缸
明晚期　66

64
掐丝珐琅山水人物图圆盒
明晚期　67

65
掐丝珐琅云鹤纹圆盒
明晚期　68

66
掐丝珐琅福寿康宁字圆盒
明晚期　69

67
掐丝珐琅缠枝花纹提梁壶
明晚期　70

68
掐丝珐琅海水蟠螭纹盏托
明晚期　71

69
掐丝珐琅海马纹大碗
明晚期　72

70
掐丝珐琅缠枝花卉纹鹅形匙
明晚期　73

71
掐丝珐琅缠枝葡萄纹烛台
明晚期　74

72
掐丝珐琅龙凤纹朝冠耳炉
明晚期　75

73
掐丝珐琅龙凤纹菱花式炉
明晚期　76

74
掐丝珐琅胡人进宝式熏炉
明晚期　77

75
掐丝珐琅狮形香熏
明晚期　78

76
掐丝珐琅鸳鸯形香熏
明晚期　79

77
掐丝珐琅缠枝莲纹螭耳熏炉
明晚期　80

78
掐丝珐琅缠枝莲八卦纹炉
清康熙　81

79
掐丝珐琅缠枝花纹乳足炉
清康熙　82

80
掐丝珐琅缠枝莲纹乳足熏炉
清康熙　83

81
掐丝珐琅缠枝莲纹胆瓶
清康熙　84

82
掐丝珐琅青鸾穿花纹长方盘
清康熙　85

83
掐丝珐琅缠枝莲纹圆盒
清康熙　86

84
掐丝珐琅菊石纹小圆盒
清康熙　87

85
掐丝珐琅夔龙纹暖砚盒
清康熙　88

86
掐丝珐琅缠枝牡丹纹笔架
清初　89

87
掐丝珐琅缠枝莲纹球形香熏
清初　90

88
掐丝珐琅缠枝莲纹棋子盒
清初　91

89
掐丝珐琅缠枝莲纹兽首衔环耳壶
清初　92

90
掐丝珐琅狮戏纹高足碗
清初　93

91
掐丝珐琅寿字靠背椅
清初　94

92
掐丝珐琅胡人捧瓶座落地灯
清初　95

93
掐丝珐琅缠枝莲纹烛台
清初　96

94
掐丝珐琅兽面纹石榴尊
清乾隆　97

95
掐丝珐琅缠枝莲纹开光长颈瓶
清乾隆　98

96
掐丝珐琅勾莲纹六方贯耳瓶
清乾隆　99

97
掐丝珐琅花蝶纹天球瓶
清乾隆　100

98
掐丝珐琅勾莲纹双联锦袱瓶
清乾隆　101

99
掐丝珐琅缠枝莲纹鹅形瓶
清乾隆　102

100
掐丝珐琅缠枝花纹双联瓶
清乾隆　103

101
掐丝珐琅锦纹扁壶
清乾隆　104

102
掐丝珐琅番莲云蝠纹扁壶
清乾隆　105

103
金胎掐丝嵌画珐琅开光仕女图执壶
清乾隆　106

104
金胎掐丝嵌画珐琅开光课子图葫芦式执壶
清乾隆　108

105
金胎錾花嵌画珐琅开光西洋人物图执壶
清乾隆　109

106
掐丝嵌画珐琅山水图执壶
清乾隆　110

107
掐丝珐琅凫形提梁壶
清乾隆　111

108
掐丝珐琅缠枝莲纹多穆壶
清乾隆　112

109
掐丝珐琅缠枝莲纹奶壶
清乾隆　113

110
掐丝珐琅缠枝莲纹贲巴壶
清乾隆　114

111
掐丝珐琅缠枝莲纹军持
清乾隆　115

112
掐丝珐琅缠枝莲纹双耳樽
清乾隆　116

113
掐丝珐琅兽面纹出戟方觚
清乾隆　117

114
掐丝珐琅兽面纹甗
清乾隆　118

115
掐丝珐琅兽面纹尊
清乾隆　119

116
掐丝珐琅葫芦纹盨式炉
清乾隆　120

117
掐丝珐琅蟠螭纹四轮香车
清乾隆　121

118
掐丝珐琅兽面纹觥
清乾隆　122

119
掐丝珐琅勾莲纹瑞兽
清乾隆　　123

120
掐丝珐琅卷云纹牺尊
清乾隆　　124

121
錾胎珐琅勾云纹牛尊
清乾隆　　125

122
掐丝珐琅天鸡尊
清乾隆　　126

123
掐丝珐琅夔龙纹水盂
清乾隆　　127

124
掐丝珐琅云龙纹文具
清乾隆　　128

125
掐丝珐琅牧羊人笔架
清乾隆　　129

126
掐丝嵌画珐琅风景画盏
清乾隆　　130

127
掐丝珐琅庭园殿阁图镜
清乾隆　　131

128
掐丝珐琅山水人物图宝座
清乾隆　　132

129
掐丝珐琅番莲纹冰箱
清乾隆　　134

130
掐丝珐琅金桂图圆月式挂屏
清乾隆　　135

131
掐丝珐琅山水人物图挂屏
清乾隆　　136

132
掐丝珐琅山水人物图挂屏
清乾隆　　137

133
掐丝珐琅明皇试马图挂屏
清乾隆　　138

134
掐丝珐琅五岳图屏风
清乾隆　　139

135
錾胎珐琅四友图屏风
清乾隆　　140

136
锤鍱起线珐琅五伦图屏风
清乾隆　　141

137
锤鍱起线珐琅太平有象尊
清乾隆　　142

138
掐丝珐琅缠枝莲纹五供
清乾隆　　144

139
掐丝珐琅八宝
清乾隆　　145

140
掐丝珐琅坛城
清乾隆　　146

141
掐丝珐琅宝相花纹金佛喇嘛塔
清乾隆　　148

142
掐丝珐琅缠枝莲纹喇嘛塔
清乾隆　　150

143
掐丝珐琅兽面纹三环凤尾尊
清中期　　151

144
掐丝珐琅团花纹梅瓶
清中期　　152

145
掐丝珐琅山水图琮式瓶
清中期　　153

146
掐丝珐琅云龙纹天球瓶
清中期　　154

147
掐丝珐琅兽面纹提梁卣
清中期　　155

148
掐丝珐琅兽面纹钟
清中期　　156

149
掐丝珐琅勾莲纹团寿字熏炉
清中期　　157

150
掐丝珐琅花卉纹螭耳炉
清中期　　158

151
掐丝珐琅海晏河清烛台
清中期　　159

152
掐丝珐琅蝙蝠花卉纹方凳
清中期　　160

153
錾胎珐琅蟠螭纹碗
清中期　　161

154
掐丝珐琅寿字纹碗
清嘉庆　　162

155
掐丝珐琅寿字盘
清嘉庆　　163

156
掐丝珐琅番莲纹执壶
清同治　　164

157
掐丝珐琅年年益寿盖碗
清同治　　165

158
掐丝珐琅牺尊
清同治　　166

159
掐丝珐琅系铃狮子香熏
清晚期　　167

160
掐丝珐琅麒麟香熏
清晚期　　168

161
掐丝珐琅镂空云龙纹转心瓶
清晚期　　169

162
掐丝珐琅九桃纹天球瓶
清晚期　　170

163
掐丝珐琅缠枝牡丹纹藏草瓶
清晚期　　171

164
掐丝珐琅菊石花卉纹梅瓶
清晚期　　172

165
掐丝珐琅蕉叶兽面纹瓶
清晚期　　173

166
掐丝珐琅龙凤纹瓜棱瓶
清晚期　　174

167
掐丝珐琅福寿瓜棱直颈瓶
清晚期　175

168
银胎掐丝珐琅蕉叶纹兽耳瓶
清晚期　176

169
掐丝珐琅葫芦纹锦袱童子耳炉
清晚期　177

170
掐丝珐琅卷书锦袱式笔筒
清晚期　178

画珐琅

171
画珐琅仙人骑狮图梅瓶
清早期　780

172
画珐琅玉堂富贵图直颈瓶
清康熙　181

173
画珐琅牡丹纹小瓶
清康熙　182

174
画珐琅桃蝠纹小瓶
清康熙　183

175
画珐琅山水图乳足炉
清康熙　184

176
画珐琅仿古铜釉长方炉
清康熙　185

177
画珐琅缠枝牡丹纹碗
清康熙　186

178
画珐琅莲花式碗
清康熙　187

179
画珐琅荷花式盖碗
清康熙　188

180
画珐琅折枝花卉纹盖碗
清康熙　189

181
画珐琅番莲双蝶纹花口盘
清康熙　190

182
画珐琅团花牡丹纹花口盘
清康熙　191

183
画珐琅勾莲纹瓜棱盒
清康熙　192

184
画珐琅缠枝莲纹葵瓣式盒
清康熙　193

185
画珐琅牡丹纹海棠式花篮
清康熙　194

186
画珐琅花蝶纹小壶
清雍正　195

187
画珐琅花卉纹寿字卤壶
清雍正　196

188
画珐琅开光花果图寿字盏
清雍正　197

189
画珐琅事事如意烛台
清雍正　198

190
画珐琅花蝶纹玻璃天球冠架
清雍正　199

191
画珐琅开光花鸟图唾盂
清雍正　200

192
画珐琅缠枝莲纹六孔瓶
清雍正　201

193
画珐琅花蝶纹带托香插
清雍正　202

194
画珐琅桃式洗
清雍正　203

195
画珐琅莲托八宝纹筒炉
清雍正　204

196
画珐琅八宝莲花纹法轮
清雍正　205

197
画珐琅牡丹图执壶
清乾隆　206

198
画珐琅勾莲纹压柄壶
清乾隆　207

199
画珐琅团花纹提梁壶
清乾隆　208

200
画珐琅菊花纹壶
清乾隆　209

201
画珐琅八棱开光提梁壶
清乾隆　210

202
画珐琅开光花鸟山水图盖碗
清乾隆　211

203
画珐琅丹凤纹盖碗
清乾隆　212

204
金胎画珐琅花卉纹云耳盏
清乾隆　214

205
金胎画珐琅花卉纹夔耳盏
清乾隆　215

206
金胎画珐琅西洋少女图卷草纹耳盏
清乾隆　216

207
画珐琅葵花式大碗
清乾隆　217

208
画珐琅开光山水人物图瓜棱盒
清乾隆　218

209
画珐琅番莲纹菊瓣式盒
清乾隆　219

210
画珐琅开光花鸟图梅花式屉盒
清乾隆　220

211
画珐琅花鸟图镂空天球冠架
清乾隆　222

212
画珐琅母子图提梁卤
清乾隆　223

213
画珐琅团花纹六方瓶
清乾隆　224

214
画珐琅冰梅纹瓶
清乾隆　225

215
画珐琅花纹海棠式瓶
清乾隆　226

216
画珐琅几何纹方壶
清乾隆　227

217
画珐琅蝠寿双耳活环瓶
清乾隆　228

218
画珐琅花蝶团锦纹盖罐
清乾隆　229

219
画珐琅葵花盖唾盂
清乾隆　230

220
画珐琅牡丹纹花篮
清乾隆　232

221
画珐琅母子图盆
清乾隆　233

222
画珐琅母子图笔筒
清乾隆　234

223
画珐琅开光花蝶图水盂
清乾隆　236

224
画珐琅牡丹图水盂
清乾隆　237

225
画珐琅开光瓜蝶纹五供
清乾隆　238

226
画珐琅花卉纹炕桌
清乾隆　239

227
画珐琅镂孔罩缠枝花纹炭盆
清中期　240

228
画珐琅镶玻璃八方宫灯
清中期　241

229
画珐琅山居图灯笼尊
清中期　242

230
画珐琅缠枝莲纹攒盒
清中期　244

231
画珐琅瓜蝶纹菱花式攒盒
清中期　245

232
画珐琅团栾节庆图方盒
清中期　246

233
画珐琅开光人物图缸
清中期　247

234
画珐琅仙山琼阁图挂屏
清中期　248

235
画珐琅仙山琼阁图挂屏
清中期　249

236
画珐琅玉堂富贵图瓶
清中期　250

237
画珐琅秋艳图瓶
清中期　251

238
广珐琅贴金锦袱纹瓶
清中期　252

239
广珐琅贴金八宝纹攒盒
清中期　254

240
广珐琅贴金银花卉纹洗
清中期　255

241
广珐琅描金夔纹双耳高足杯
清中期　256

242
镀金画珐琅牡丹纹执壶
清嘉庆　257

243
画珐琅花卉纹盏托
清嘉庆　258

244
画珐琅大吉字葫芦瓶
清晚期　259

导 言

从故宫藏品看中国金属胎珐琅工艺之发展

李久芳

金属胎珐琅器是以金属制胎，用石英、长石为主要釉料烧炼成的五彩缤纷的珐琅制品，按制造方法和工艺特点，可分掐丝珐琅和画珐琅两大类。掐丝珐琅，俗称"景泰蓝"，是起线珐琅的主要品种，起线珐琅还包括錾胎起线和稍后出现的锤鍱起线两种，掐丝珐琅和錾胎起线珐琅大约在13世纪中叶从阿拉伯地区传入中国。画珐琅，俗称"洋瓷"，大约17世纪初由欧洲传入中国。这两种不同特点的珐琅制品传入中国后，其技术也随之为中国工匠所接受，并很快制作出具有中国民族风格的工艺品。由于金属胎珐琅器制造工艺复杂，釉料配制和烧造技术难度大，生产成本高，所以这种珍贵的珐琅制品开始很长时期主要在宫廷中制作，供皇帝及皇室享用。也有少量珐琅器作为贵重礼物由皇帝恩赐给王公大臣，民间则很少流传。

北京故宫博物院收藏的皇家御用珐琅器约六千余件，历史传承关系清楚。本卷选出二百四十四件有代表性的珍贵藏品，从中可看出中国金属胎珐琅工艺的发展脉络和成就，并为"景泰蓝"的断代研究提供了重要资料。在编辑时，我们对改制的器物，以其主体部位中时代最早的部分作为断代依据。如院藏元代珐琅器已无一件整器，但被改制的器物中有部分属于元代旧器的，则列入元代。对于明代景泰年间的珐琅器，迄今为止，尚无法确定其标准器，只能按工艺风格笼统地归入明代中期。

一、中国掐丝珐琅的历史渊源

中国掐丝珐琅起源于何时，历史上无明确记载，最早的文献是元末明初人曹昭所著《格古要论》，其中"窑器论"说："大食窑，以铜作身，用药烧成五色花者，与佛朗嵌相似……又谓鬼国窑。"所谓"大食窑"已被诸多学者确认为金属胎掐丝珐琅器。《格古要论》在明初即已有刊行，书中所记诸多内容应源于元代后期。因此，对探讨珐琅器的渊源十分重要。

所谓"佛朗"即"佛菻"音的转译，是唐宋以来中国对东罗马（拜占廷）帝国的称谓。4世纪，以君士坦丁堡为中心的拜占廷帝国，继承了古罗马和古埃及的艺术，其中包括后世很盛行的铜胎掐丝珐琅工艺。并在此基础上创造出具有浓厚东方色彩的拜占廷风格的珐琅器，其表现题材主要是宣扬王权和基督教神学。12世纪前后，又兴起了錾胎起线珐琅，而此时掐丝珐琅制作工艺则已传入西亚地区，并盛极一时。目前，保存在因斯布鲁克裴狄南德拉姆美术馆的铜胎掐丝珐琅盘，从其铭文可知该盘是12世纪前半叶由两河流域阿米德地方制造的，它是研究大食窑器历史的重要例证。

所谓"大食"，是唐宋以来中国对阿拉伯地区穆斯林的泛称，当时两地往来甚密。《格古要论》中说与大食窑器（即掐丝珐琅）相似的佛朗嵌只能是錾胎起线珐琅。二者制造技术基本相同，仅为掐丝起线和錾胎起线的区别，如不仔细观察，甚至难以分辨。这种直接在金属胎上錾花起线，再填入釉料烧出来的珐琅器，釉料如镶嵌般填到胎体上，故后人习惯上称之为"嵌珐琅"。《格古要论》既云大食窑器与佛朗嵌相似，那么可以推测，佛朗嵌当先于大食窑器传入中国，只是目前尚未见到可靠的实物例证。

此外，还有些学者认为，根据日本正仓院收藏的银镜，背饰有掐丝起线的三色花瓣，青海都兰出土吐蕃时的金胎掐丝淡蓝釉牌饰，说明珐琅工艺早在唐代时即已传入。但二者均为孤例，且釉的成分未经测试，尚无法和后世的中国珐琅制作联系起来。

二、元代掐丝珐琅的风格与特点

中国制造的掐丝珐琅，目前有年款可考的，始于明代宣德年间。但从北京故宫博物院收藏的实物分析，元代应已有制造。故宫藏有一批掐丝珐琅器，釉料肥厚，釉色纯正，明快亮丽，尤其是绛黄、草绿、葡萄紫、宝石蓝等釉色，犹如水晶般晶莹。这种半透明的珐琅釉，在明代和清代各时期有准确年款的珐琅器物中均未见过。这批器物不仅均不见原器的年代款识，且多被后世重新改造过。其中有的被改头换足，器型大变；有的则用几件不同器物，截取不同部位拼接成新的器型。因此，出现了一件器物通体釉色不一，图案变化异常的现象。这些器物多被刻上"大明景泰年制"款。

掐丝珐琅缠枝莲纹兽耳三环尊（图1），器型高大，通体以淡蓝色釉为地，饰彩釉缠枝莲纹。

此器周身各部分釉色全然不同，腹部釉料肥厚，色泽纯正亮丽，部分呈半透明状。而颈和口内、外的釉色不纯，缺乏光泽，淡蓝地尤显灰暗，砂眼亦多，仔细观察则不难看出作品是用旧器重新改造而成。以大花朵为主组成缠枝花卉纹，并注重花蕊稍许变化，近足部装饰莲瓣或蕉叶纹一周。这些艺术表现方法，同元代青花瓷器的特征几乎完全一致。而缠枝的花蔓间生长出饱满花苞的纹饰，同元代保持波斯风格的"纳石失"织金锦极相似。虽然重新配制了高颈、铜底，但仍可看出尊的主体部位原应为罐。掐丝珐琅缠枝莲纹龙耳瓶（图2），釉色光洁明快，具有水晶般透明感，但整体图案颇不协调，仔细分析，该器应是由碗、瓶等旧器截取不同部位拼接组合而成。尤其是腹、颈的衔接处凸起一周莲瓣，上面的釉色不纯，填料不满，更缺乏透明感，显然是配器时此处口径衔接不吻合而采取遮掩措施。全器所截部位的造型、图案及釉色均明显有别于明代风格。

以上两件器物是利用旧器重新改制成新作的两种不同类型。而这种亮丽晶莹的釉料始于何时，来自何处呢？从器物局部的造型、纹饰看均具有元代特点，据此推测，应是元代阿拉伯工匠带来技术和釉料，指导中国工匠制造出的珐琅器。

成吉思汗建立蒙古帝国以后，蒙古军队曾席卷欧亚大陆，在野蛮的征战中，唯技术工匠幸免于难。蒙古统治者把俘虏的专业技术工匠作为工奴，为其服务。元代在全国建立了统一政权之后，随着水、陆交通的开拓，中国人与中亚、阿拉伯、欧洲和非洲等地区的商人和手工业者往来通商，当时的大都、泉州、广州、杭州等地，聚居着来自不同国家的身怀绝技的手工业者，他们传授了本国流传的精湛技艺，两河流域流行的金属胎珐琅制品自然也随之传入中国。可以设想，阿拉伯工匠带来了烧造掐丝珐琅的技术和主要原料。从现存几件元代珐琅器的精美和华贵看，只能是在内府指导中国工匠为皇家烧造的。中国工匠在学习、掌握了烧造珐琅的技术后，为符合中国统治者的审美要求，生产出了具有民族风格的掐丝珐琅制品，但在纹饰图案中仍保留着一些阿拉伯的艺术韵味。可惜的是这批制品被后世重新改制，不仅毁坏了许多元代珐琅器的本来面貌，也使人们长期以来对于掐丝珐琅的历史在认识上产生了很大偏差。

三、明代起线珐琅的风格与特点

元末，连年战争，使刚刚兴起的掐丝珐琅工艺又日趋衰落。明王朝建立初期百业待兴，无暇顾及珐琅器的生产，至宣德时期方得到恢复和发展。现存珐琅器中年款最早的就是"宣德年制"。清宫旧藏的数千件起线珐琅器中，有明代款识者，仅见"宣德"、"景泰"、"嘉靖"、"万历"四朝年款。

(一) 明早期起线珐琅

明早期珐琅器以宣德时期为代表,有錾胎起线珐琅和掐丝珐琅两种。錾胎起线珐琅,也称"錾花起线珐琅",仅见缠枝莲纹圆盒一件(图31)。该盒胎体厚重,在胎上直接錾出花纹轮廓线后,填施浅蓝色釉为地,饰彩釉缠枝莲纹。线条粗细不匀,显露錾刻痕迹。款识不甚规范。通体釉色稳重纯净,显系宣德时代的特征,值得注意的是,该器于乾隆年间入库时,于盒内置一黄纸签,签上墨书"由太仆寺撤下"。太仆寺系元、明、清三代皇家养马的机构,其地址多有变更,但该器曾长期置于太仆寺内,直到乾隆时期才被征入宫禁。

宣德时期的掐丝珐琅器遗存数量较多,常见有盘、碗、杯、盏托、盒、觚、瓶、罐及灯座等。其共同特点是胎厚体重,多以浅蓝釉为地,亦有少量用灰白釉为地,上压宝石蓝、鸡血红、砗磲白、墨绿、草绿和娇黄等多彩釉,组成缠枝花卉、瓜蝶或云龙戏珠纹。釉色纯正稳重,填釉较饱满。有些器物上将黄绿釉混合调配,具有晕色效果,但缺乏元代釉色那种晶莹透亮感。其图案以缠枝莲作为主体装饰,多以单线勾勒枝干,再用曲线串联不同色彩的盛开的花朵,花头硕大,在多层次的花瓣衬托下,中心形成桃形花蕊。这种缠枝图案的组合已成定式,对后世产生了很大影响。也有以单线勾勒枝干再连缀多朵小花者,颇显新颖。并有采用双线勾勒者,但不甚流行。

宣德珐琅的款识有两种,一是在器物的局部用珐琅釉烧成,对这种款须注意珐琅釉的颜色与原器是否浑然一体,如无不同则为原款;如有别,则是后加款或改款。另一种款是在铜胎上铸款或錾刻款,多置于器物底部。款的形式有"宣德年制"四字款、"大明宣德年制"六字款和"大明宣德御用监造"八字款,还有仅用"宣德"二字者,但很少见。八字款标明器物是由明朝内府的御用监制造,御用监是负责皇帝御用品生产的管理机构。其他许多相类的珐琅器虽未注明生产地,但御用的珐琅器,无疑均出自御用监管辖下的工匠之手。款之书体以楷书居多,间有隶书和篆书,其处理方法有阴线双钩、单线刻划、镌刻阳文和铸款。对这些有宣德款的器物,不能单靠款识断代,还要视其纹饰、釉色特点,进行综合性分析,方可鉴别出其准确的时代。有些器物虽然没有年款,但根据宣德时代珐琅的基本特征和风格,仍可判定是宣德或宣德以前的明代早期制品(图9-21)。如此鉴定出的真器,则可为鉴别宣德款珐琅器的真伪提供重要的依据和实物例证。

（二）景泰年款器及明中期的起线珐琅

有"景泰年制"款的掐丝珐琅器遗存数量颇多，故历来有"景泰蓝"之称。明末孙承泽著的《天府广记》中载：后市"在玄武门外，每月逢四则开市，谓之内市。"交易奇珍异宝"至内造如宣德之铜器、成化之窑器、永乐果园厂之髹器、景泰御前作坊之珐琅，精巧远迈前古，四方好事者，亦于内市重价购之。"从这段记述可知，景泰御前之珐琅器已被视为"时玩"，可与宣德之铜、成化之瓷、永乐之漆竞相媲美。似乎景泰之珐琅器已发展到了"黄金时代"，此说曾令人感到费解，因为景泰帝朱祁钰是在正统帝被蒙古军入侵掠走后才登基的，在位不足七年。这期间内忧外患不断，国力衰败，各类御用器的生产均陷入困境。在这种形势下，成本高、工艺难度大的金属胎起线珐琅器何以能独得巨大发展呢？其间奥秘，通过近几年对大量"景泰年制"款珐琅器的分析研究，才获得了突破性的发现。原来诸多"景泰年制"款的珐琅器，是利用早期遗存的珐琅旧器重新改制而成，也有部分是后世慕名仿造改款的。

关于利用旧器重新改制的珐琅器，在论述元代时已举过两例。这两件器物改制时，为了更新器型加配了部件，新部件的设计很见功力，总体几乎看不出什么异样，且造型更加美观，故长久以来未被识破。但仔细观察，后配之部分釉色灰暗，砂眼亦多，填料不饱满，远逊于元代水平，亦不似宣德时釉色纯正稳重。这种新组配的珐琅器显现出景泰的特点。事实表明"景泰御前作坊之珐琅"的声誉，是建立在前人基础之上的。

改制的珐琅器，是在内府中由御用监严格控制下进行的，除参与者外，鲜为人知，以致"景泰御用作坊之珐琅"名气越来越高。清代时常把"万历年制"的珐琅器改成"景泰年制"款。改款的方法有两种，一是把原款挖掉，重新在铜胎上阴刻"大明景泰年制"；二是用很薄的鎏金铜片，阴刻花纹和景泰款，然后焊在原款处，造型、纹饰和釉色仍保持万历时期珐琅的原貌，较易识别。清代也多有仿制"景泰年制"款的珐琅器，据《造办处各作成做活计清档》载："乾隆三十二年二月初四日，催长四德、五德来说，太监胡世杰传旨：'多宝格内着仿古样款掐丝珐琅瓶一件、宝瓶一件、罐一件，俱要大明景泰阳文款。'"这类仿造事例颇多，但其掐丝工艺、釉料呈色等均属清代特点。那么真正的完整的景泰珐琅又具有什么特点呢？通过对实物的对比分析，掐丝珐琅花蝶纹香筒（图44）是一件比较近似景泰风格的作品。筒外部以深蓝色釉为地，颜色略显灰青。地上用珊瑚红、草绿、深蓝、姜黄和甜白等彩釉描绘花蝶，形象写实，与前期那种图案式的装饰方法迥异。珐琅釉色尚不够纯正，表面缺乏光泽，填釉虽然饱满，却多细小砂眼。总之，这件香筒的图案风格及釉料特征均不同于早期之作，属于宣德之后、万历之前的过渡时期的制品，可能即是"景泰御前作坊之珐琅"器。

（三）明晚期的起线珐琅

明嘉靖时期，虽然城市经济得到发展，但铜胎珐琅的烧造却不十分景气。故宫藏品中有"嘉靖年制"款的器物仅见掐丝珐琅龙凤纹盘（图46）一件，而且是20世纪60年代从私人手中购进的。盘上珐琅釉和鎏金已被土蚀严重，显然是墓葬或遗址中出土的，但出土时间和地点已无法查觅。盘底铜质鎏金，中心阴刻"大明嘉靖年制"楷书款。其图案风格与釉色特点同此后的万历珐琅器无大差异。

万历年间，掐丝珐琅的制造工艺有新的发展，其风格、技巧和釉色运用有明显变化。以浅淡釉色为地的制品显著增多，擅长运用红、蓝、白、黄、绿五种色釉作图案组合装饰，色彩鲜明，对比强烈，十分醒目。珊瑚红、青金石蓝呈色独特，松石绿釉则是此时出现的新色釉。

纹饰题材多有变化，当时工匠擅长运用双钩线的手法表现折枝小花等，图案较繁密。早期那种以单线勾勒的大朵缠枝花卉为主题的纹饰显著减少，龙凤、海马、流云、瑞兽、八宝和寓意吉祥长寿的图案增多，也有少量表现山水和人物故事的图纹出现，显示出图案题材的广泛。

年代款识的表现方法很有时代特征，大多在器物底部的中心处用彩釉组成长方形如意云头纹一周，内施绿釉地，填红釉"大明万历年造"六字楷书款或"万历年造"四字款。这种在款识外围进行装饰的方法是其他时期所不见的。其后，有将万历年款改作景泰年款的，而款的周边仍然保留如意云头纹长方框，框内铲掉原款，再阴刻"景泰年制"款。还有的在彩釉如意云头纹长方框内焊接一层极薄的镀金铜片，上面阴线刻双龙抱"景泰年制"款。

明晚期，还流行一种工艺水平粗糙的珐琅器，胎薄体轻、填釉不甚饱满、釉色灰暗、砂眼较多，但体积较大，多见盆、盒、碗、盘、炉等器物，应是民间烧造的。

四、清代起线珐琅的风格与特点

清代至康熙时期，政权已得到巩固，经济有了发展，一度停滞不前的御用器的生产开始全面复兴。到了雍正、乾隆时期，各类器物的生产出现了新的高潮。但是嘉庆以后，随着经济的衰退和列强的入侵，御用器的生产再次落入低谷。起线珐琅工艺也是在这种背景下复兴、繁荣和日趋衰落。

（一）清早期起线珐琅

清代早期起线珐琅是以康熙时期掐丝珐琅器为代表的，主要是由内廷珐琅处承造的皇家御用品。康熙前期的掐丝珐琅器，铜胎成型规矩，掐丝细腻流畅，以小型器物居多。图案多以单线勾勒花纹轮廓，再填以淡蓝色釉为地，上压彩釉缠枝莲纹。釉色有鸡血红、苹果绿、深蓝、菊黄、砗磲白、茄皮紫等，其色彩干涩灰暗，填料不饱满，釉面凹凸不平滑，缺乏光泽。这些现象显然是由于釉料配制方法和烧造技术不高的缘故造成的。

康熙中晚期的掐丝珐琅铜胎成型规矩，掐丝细腻流畅，珐琅釉呈色纯净而有光泽。图案仍以缠枝莲纹为主，还出现了龙、螭、夔凤等纹样，表现方法多采用双钩线。器物表面光滑，砂眼亦少，烧造技术已达到成熟阶段。

这一时期有的造型、图案和釉色均仿造"景泰御前作坊之珐琅"的特点，有的器物上还镌刻"景泰年制"款。这些器物釉色较纯正，几可乱真。但掐丝细腻，填料饱满，砂眼亦少，尤其铜胎成型和掐丝工艺，采取了冲压和拉丝等新技术，较明代有显著的进步。

（二）清中期起线珐琅

起线珐琅器中很少见到有雍正年款的，但在《造办处各作成做活计清档》中，有雍正前期曾制造掐丝珐琅器的记录，也有仿造景泰珐琅瓶的记载，只是目前尚不能从遗存的实物中把它们识别出来。

乾隆时期起线珐琅器的烧造出现了新的繁荣景象。当时，造办处珐琅作坊生产出许多杰作，广州地区制造的起线珐琅亦有新的突破，扬州和苏州地区生产的掐丝珐琅也毫不逊色。

这一时期烧造大型起线珐琅器的技术迅速提高，宫廷中陈设的大屏风、宝座以及成组的佛塔，都是前所未见的新产品。大型珐琅器的烧造不仅需有大型的窑炉，还需控制铜胎加热后不会变形，并要严格掌握通体釉料呈色一致。乾隆时期，对于这类技术的掌握和控制，已达到了炉火纯青的程度。乾隆三十九年（1774）和四十七年（1782），分两批烧造的十二座珐琅喇嘛塔（图141），高均在230厘米以上，每座塔的造型各不相同，釉色各异，图案富于变化。掐丝珐琅五岳图屏风（图134），分五扇，高近3米。画面分别刻画中国五大名山，巍峨雄伟。这些杰作均为造办处制作，充分展示出乾隆时期宫廷制作起线珐琅的辉煌成就。

把古代著名书画家的作品巧妙地运用到掐丝珐琅的纹饰中，是乾隆时期的一种新尝试。掐丝珐琅明皇试马图挂屏（图133）是以唐代大画家韩干的《明皇试马图》为蓝本烧制的。画面上色彩的点染，乃至题跋和钤印，均仿造原画的效果，人物、马匹具传神之妙，乾隆皇帝题诗笔墨转折，宛若手迹。广州制造的锤鍱起线珐琅五伦图屏风（图136），画面上的山水花鸟色彩艳丽，画法上多采用晕色的方法，渲染出景物的色彩浓淡和远近层次，并大量运用粉红色和草绿色，突出了桃红柳绿的春天景象。工艺上采取了锤鍱起线和细部掐丝相结合的方法。这种工艺是广东珐琅匠人的新创造。錾胎珐琅四友图屏风（图135），分三扇刻画松、竹、梅、兰，色彩凝重，突出了恬静清雅的意境。这些作品极力追求绘画艺术与珐琅工艺的完美结合，达到了理想的效果，是清中期起线珐琅制品的重要成就。

乾隆皇帝嗜古，常要求把古代青铜器的造型、纹饰等运用到珐琅器的制作中。尽管仿古器物多有所本，但仍展现出珐琅工艺的魅力。以各种动物形象造型的像生器增多，除传统用端、狮子、仙鹤等式样外，又出现了兕、瑞兽、牺、牛、天鸡（图107、119－122）等多种形象。錾胎与掐丝相结合制造的牧羊人笔架（图125）是有代表性的作品，羊作跪卧状，以白釉为地，用铜丝掐成卷毛纹。一牧人侧身骑于羊背上，悠闲自得。夸张的造型，和谐的色彩，富有浓厚的生活气息。用掐丝珐琅工艺仿造瓷器，也是前所未见的。掐丝珐琅云龙纹天球瓶（图146），通体以白釉为地，用浅蓝釉晕染出浮云，一条红色巨龙盘旋于流云之中，气势磅礴。这是仿造瓷器中青花釉里红的效果，增加了金属胎起线珐琅的艺术表现力。

此外，乾隆皇帝特别喜好明代景泰珐琅，并予以很高评价，有时甚至对造办处烧造的珐琅器表示不满意，认为"旧珐琅颜色甚好"。因此仿造"景泰御前作坊之珐琅"成为造办处珐琅作的重要项目，在《造办处各作成做活计清档》中，记述仿"景泰"珐琅的事例颇多。这种仿造可分两种类型：一是按旧器仿造，要求造型、图案、釉色与原器相同（图98）。二是新设计造型、图案和釉色，底部刻"景泰年制"款（图106）。前者仿造得极其相似，几可乱真，后者则按照新的创意制造，采用较多的新釉色，与旧器全无相似之处。

乾隆时期还用掐丝珐琅和画珐琅相结合的工艺制作出不少精品。结合的方法有两种类型：其一把二者直接烧在一起，要求严格控制烧造温度，否则呈色会出现问题。其二分别烧造二者，然后把画珐琅镶到掐丝珐琅上，要求镶嵌焊接不留痕迹。这两种类型制作都很精美，其中用黄金为胎者更显珍贵。

总之，乾隆时期起线珐琅工艺相当发达，所生产的珐琅器应用于宫廷生活各个方面。造型式样繁多，图案花纹富于变化，出现了桃红色新色釉和锤鍱起线的新技法。生产地域扩大，广州、苏州、扬州都是起线珐琅的重要产地，被誉为"广造"和"苏造"，各具特点。扬州地区为宫廷"乐寿堂"室内装修烧制的珐琅片古朴典雅，受到好评。珐琅名家杨世雄技艺精湛，被世人誉为"珐琅王"。这些辉煌成就充分展示了乾隆时期起线珐琅烧造的高超水平。

（三）清晚期的起线珐琅

嘉庆时期，起线珐琅制作开始衰落，遗存数量很少，仅见碗、盘之类器皿，造型简单，颇显笨拙。掐丝较粗壮，多采用錾胎起线的方法。釉色仍以浅蓝地者居多，饰深蓝、红、黄和豆绿色组成的几何纹，图案和色彩较呆板（图154-155）。这种状况延续到道光时期，更是江河日下，直至起线珐琅器消失。1840年鸦片战争之后，在半封建半殖民地条件下，具有鲜明民族风格的金属胎起线珐琅制品曾受到西方人的青睐，从而刺激了民间作坊的生产，生产稍许恢复。

同治年间制作的掐丝珐琅器（图156-158）铜胎薄，器型规矩，以浅黄色釉为地者居多，上压红、绿、黄、蓝色釉缠枝花卉和折枝花等。此后，皇家设立了印铸局，用掐丝珐琅技术制造奖杯、奖章等。同时，北京地区还出现了专营铜胎掐丝珐琅的私人商号、店堂，诸如老天利、宝华生、静远堂、志远堂、德兴成等，其产品风格大同小异。

清晚期的掐丝珐琅器造型以各式瓶为主，式样多有变化。但有些器物上下比例不谐调，有头重脚轻之感。由于多借助于机械成型，且金属拉丝技术已有发展，致使这一时期的掐丝珐琅器胎体轻薄，铜丝掐成的线条均匀、纤细、流畅。填釉饱满，釉面光滑明亮，砂眼少。釉色变化多，有用赭红、淡黄、苹果绿、灰白和墨黑等釉色为地者，上压彩色花纹。而前期那种浅蓝釉为主色调的作品减少。装饰多以折枝花卉为主，亦常用整株的花卉和花鸟、虫鱼作图案。花朵和花叶翻卷转折的层次较多，注重釉质的晕色效果，有较浓厚的西洋韵味。

清晚期仿"景泰年制"的作品，其造型、掐丝和釉料色彩均与原器相差甚远，给人以轻浮之感。"大明景泰年制"款的处理过于拘谨或缺乏章法，极易识别。镀金艳黄，浮光闪亮，有别于传统的用金方法。

五、清代画珐琅的风格与特点

画珐琅俗称"洋瓷"。据《明史·外国列传》载："古里，西洋大国……永乐六年，命中官尹庆奉诏抚谕其国，赉以彩币。其酋沙米的喜，遣使从庆入贡……贡物有宝石、珊瑚珠、拂郎……"古里，在明代是印度喀拉拉邦北岸的一个国家，经古里献给中国皇帝的"拂郎"面貌若何，已难知晓。目前，仅见明代金属胎起线珐琅制品，被称作"大食窑器"。而金属胎画珐琅器，则是17世纪中叶，在西方传教士呈进欧洲画珐琅的影响下，才于康熙年间在宫廷内珐琅处开始烧造，但烧造技术不高，釉料呈色不稳定。康熙五十八年（1719），聘请法兰西画珐琅艺人陈忠信来京，在内廷珐琅处指导烧造画珐琅器。其式样、图案主要是中国风格，少有西方画珐琅的特点。

清王朝建立初期，曾一度禁止海外贸易，至康熙二十二年（1683），始开海禁。当时，只允许外国商船进入粤海关一处，这使广州地区最先接触到西方盛行的画珐琅制品。广州的产品多保留着西方文化的韵味。此后，皇室所需的画珐琅器不仅向粤海关征定和购买，而且内廷所需的画珐琅匠人也多由粤海关选送。

当时的苏州是手工业发达的商业城市，画珐琅工艺约于雍正年间传入苏州地区，在深厚的工艺基础上，苏州生产的画珐琅作品风格独具，从而形成了内廷珐琅处和广州、苏州三大画珐琅生产中心，产品各有特点。当时重要产品均需贡进内廷，所以故宫的收藏全面反映了清代金属胎画珐琅的成就。

（一）康熙时期的画珐琅

康熙年间生产金属胎画珐琅的机构主要是内廷设立的珐琅处。最初生产画珐琅的技术尚不成熟，器物体积小，釉色少，颜色也不纯净。例如画珐琅山水图双耳炉（图175），小巧玲珑，造型秀美，绘画亦精，但釉色灰暗无光，色彩互相浸染渗透，画面模糊。这类疵病显然是由于烧炼技术不成熟的缘故。另一件画珐琅仙人骑狮图梅瓶（图171），画面颇有层次，色彩亦较清淡典雅。唯釉色不纯，整体凹凸不平，线条不清晰。按其造型特点和图案风格，应是早期画珐琅制品。

康熙后期的画珐琅釉色增多，颜色纯正鲜艳，图案清晰，显示出烧造画珐琅的技术已达到较高水平。作品多以黄釉作地，亦有少量白釉或淡蓝釉为地者，上压红、粉红、绿、草绿、宝蓝、浅蓝、赭和紫等彩釉，画缠枝花卉、折枝花，其中有玉兰、牡丹、茶花、桃花、荷花等纹样，花间有的还缀以蝴蝶、蜜蜂、锦鸡、鸟，增添了画面的活力。画风极细腻，色彩谐调，许多图纹都出自宫廷中名画家之手笔。器型种类增多，除碗、盘外，常见唾盂、香盒、花瓶、鼻烟壶等生活用品，画珐琅牡丹纹海棠式花篮（图185）更显新颖别致。还用画珐琅技术仿造宣德铜炉（图176），釉色光亮，呈鳝鱼黄色。这些器物底部多用白釉或黄釉为地，中心处以蓝或红釉画出双线方框或圆圈，内署"康熙御制"款，字体多为楷书，有的近似于隶书。

新兴的画珐琅色彩鲜艳明快，豪华富丽，深得康熙皇帝的赏识，凡精美之作，多在器物上署"康熙御制"款。从文献记载中可知康熙对画珐琅器的浓厚兴趣，他不仅命西方传教士画家和宫廷内画家为珐琅处画珐琅器，晚年还从法国召来烧画珐琅的匠人为其服务。但所有绘画都必须符合皇帝的旨意，皇帝不喜欢西洋油画的风格，所以，康熙时代的画珐琅都保持着中国传统绘画的特点。

（二）雍正、乾隆时期的画珐琅

雍正、乾隆时期是画珐琅生产最繁荣的阶段。内廷生产画珐琅的机构珐琅处已为造办处珐琅作所取代，广州、苏州亦开始了画珐琅的生产。产品数量增多，式样不断翻新，图案、釉色有新的发展和变化。

雍正皇帝对新兴的画珐琅情有独钟，对于烧造水平不高的作品，雍正常常提出批评意见。在同时期的掐丝珐琅制品中，很难看到"雍正年制"款，而在画珐琅中则不仅有署"雍正年制"的，而且还出现了新的釉色。特别是以黑色为地、上压彩色花纹的作品是前所未见的，这种黑釉是雍正时期烧成的，所以分外受到皇帝的青睐，即使烧制其他彩釉作品，在局部也可看到绘制黑釉花纹的现象。这种运用黑釉的手法是其他时期罕见的。

掐丝珐琅制作过程之一
制胎

掐丝珐琅制作过程之二
掐丝

掐丝珐琅制作过程之三
填釉

雍正时期的画珐琅器仍以小型器物居多，造型都很别致，釉色亦鲜亮。卵形小壶、成套杯盘、多层式烛台、天球式冠架、多孔式花插、仙桃式洗、筒式熏炉、八宝法轮等都是前期画珐琅中少见的新鲜式样。纹饰图案除缠枝花卉外，仍以草虫、花鸟为主要题材，画风极细腻。用蝙蝠、桃实、柿子等寓意吉祥的图案显著增多。但有些纹饰则过于繁琐，雍正皇帝对此亦曾表示过不满。这时的作品多在器底中心用楷书或仿宋体署"雍正年制"印章式款，款有红釉或蓝釉两种。亦有少数把款置于器物表面的图案之中。

乾隆时期的画珐琅工艺，发展突飞猛进。皇帝不仅亲自询问造办处珐琅作的生产情况，还经常对产品的烧造提出意见，对于技艺高超的匠人则给予特殊的奖励。宫廷中的著名画家多次参予画珐琅的生产。这个时期生产的画珐琅器物数量多，质量高，许多前所未见的新作品源源不断地涌现出来。

首先，烧造大型器开创了画珐琅生产的新领域，许多插屏、挂屏、熏炉、画缸、大瓶等（图233-236）都是用于宫殿内的重要陈设品。这些器物不仅形制高大，而且制造十分精致，与高大的建筑交相辉映，更显得气势恢弘。

其次，对于造型式样显示出多方面的追求。画珐琅菊花纹壶（图200）、画珐琅勾莲纹压柄壶（图198）、画珐琅牡丹图执壶（图197）、画珐琅团花纹提梁壶（图199）等，均为酒器，器型小巧玲珑。帝王后妃盛放物品的画珐琅盒有圆形、方形、长方形、委角形，以及梅花式、葵花式、瓜棱式，还有屉盒和攒盒。

其三，纹饰题材丰富，纹样中有缠枝花、折枝花、四季花卉、鸟虫异兽和几何纹图案。绘画中的山水人物题材是以前珐琅器中少见的，画面处理多采取色彩渲染的手法，增加了层次感

掐丝珐琅制作过程之四　　掐丝珐琅制作过程之五　　掐丝珐琅制作过程之六
烧釉　　　　　　　　　　抛光　　　　　　　　　　镀金

和立体效果。诸如婴戏图、母婴图、仕女图、岁朝图、庆寿图等，十分注重人物神情的刻画。同时大量出现了对西洋景物和人物的描绘，颇有几分西方油画的风格。这些作品中，有的是出自宫廷画家和西方传教士画家之手笔，是画珐琅中极具功力的作品。

其四，仿西洋式样制造的画珐琅器别开生面。在此之前，画珐琅制品中很少出现西洋风格的作品，而这个时期刻意仿造西洋式的造型和纹饰的画珐琅制品特点很突出。这类作品多是广州地区制造由粤海关官员进献给皇帝的贡品（图214）。

其五，广东地区制造的贡品中还有一种独具特色的工艺，即在金属胎上贴金花或银花，表面再罩上透明的蓝色或绿色珐琅釉，金花或银花从釉下透出，表里呼应，分外晶莹。有的器物釉下没有金花或银花，纯以透明的釉色展示出独特的魅力。

（三）清晚期的画珐琅

嘉庆初年，还保持着乾隆时代的某些遗韵，画珐琅器的生产也有几分成就。镀金画珐琅牡丹纹执壶（图242），器型精美，釉色艳丽，显示出较高的烧造珐琅工艺水平。画珐琅花卉纹盏托（图243），釉色富于变化，色彩凝重。此后，随着国力的衰退，画珐琅器的生产已然是日薄西山，虽曾一度出现回光返照，但毕竟是气息奄奄，无力回天了。

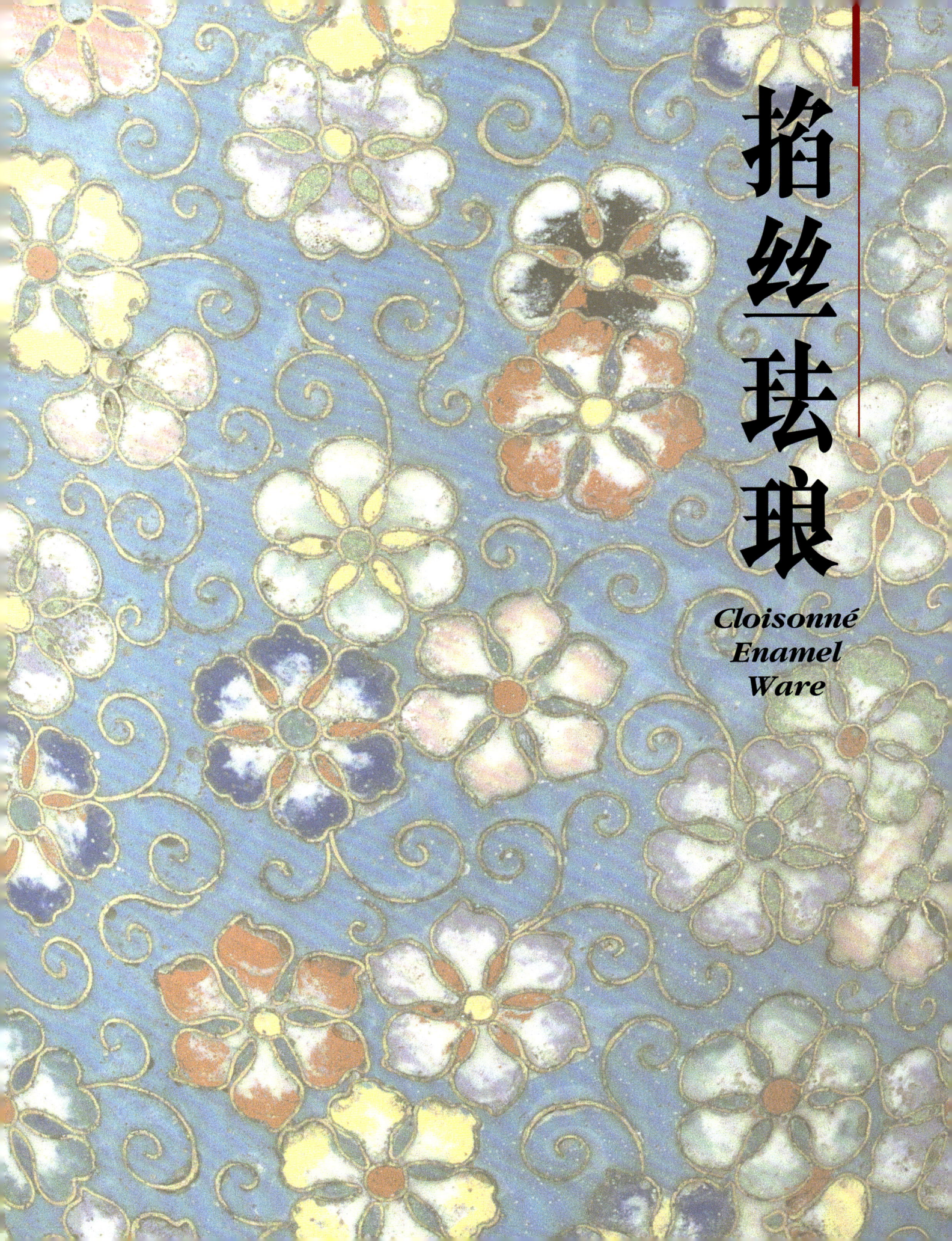

掐丝珐琅

Cloisonné Enamel Ware

1

掐丝珐琅缠枝莲纹兽耳三环尊
元
高71厘米 口径36.3厘米
底径23.1厘米
清宫旧藏

Cloisonné enamel jar with animal-shaped ears decorated with design of interlocking sprays of lotus
Yuan Dynasty
Height: 71cm
Diameter of mouth: 36.3cm
Diameter of bottom: 23.1cm
Qing Court collection

尊为后改器，由颈、腹、足三部分组成，颈两侧有珐琅镀金双兽耳，肩部凸起三兽首衔珐琅圆环，下承铜镀金三翼兽足。通体施浅蓝色珐琅釉为地，饰掐丝珐琅花卉纹。口沿与肩部分饰垂云纹，垂云纹内填紫地花卉；颈部与足部分饰葡萄纹和蕉叶纹；腹部顺序以紫、白、黄、红、白、黄色六朵缠枝莲作主题图案，底有凸起镀金双龙环抱镌阳文"大明景泰年制"六字楷书款。

此尊腹部釉色鲜艳明快，尤其是墨绿及紫色格外晶莹亮泽，为明以后各朝所不见。缠枝莲纹枝叶茁壮，花朵硕大，上下都以蕉叶纹作装饰，与元代瓷器风格相似。而颈及足部釉色明显不同，其釉色灰暗干涩，且装饰图案的风格也与腹部不同。由此可以断定，此尊是在元代珐琅罐的基础上后配颈、耳、环、足等改制而成，底款亦为后加。

2 掐丝珐琅缠枝莲纹龙耳瓶
元
高36.8厘米　口径10.7厘米
足径12.7厘米
清宫旧藏

Cloisonné enamel vase with dragon-shaped ears decorated with design of interlocking sprays of lotus
Yuan Dynasty
Height: 36.8cm
Diameter of mouth: 10.7cm
Diameter of foot: 12.7cm
Qing Court collection

瓶为后改器，盘口，束颈，两侧嵌饰镀金龙双耳，垂腹，双圈足。通体施蓝色珐琅釉为地，饰掐丝珐琅花卉纹。颈部为绿釉蕉叶、茶花纹；腹部正中出弦纹一道，弦纹上为缠枝莲花，下为石榴、山茶等各色花卉；足墙饰菊花等纹。底镌阳文"景泰年制"四字楷书款。

此器珐琅釉色丰富，透明度强，尤其绿釉之晶莹与碧玉相若。通体花卉纹结构异常，颈、上腹、下腹三部分原是由几件元代旧器的局部拼接而成。颈下部加套凸起的一周莲瓣纹装饰，釉色不如其他几个局部晶莹亮泽，显然是因后来改器时，上腹与颈部衔接口径不合，而采取了外加套口的办法。颈部加双龙耳以遮掩拼接痕迹。款识为改器时加刻。

3 掐丝珐琅缠枝莲纹藏草瓶
元
高23.5厘米 口径7.5厘米 足径9厘米
清宫旧藏

Cloisonné enamel bottle for holy herbs decorated with design of interlocking sprays of lotus
Yuan Dynasty
Height: 23.5cm   Diameter of mouth: 7.5cm
Diameter of foot: 9cm
Qing Court collection

藏草瓶为后改器，盘口，直颈，平底圈足。颈有凸起的镀金弦纹，肩部盘绕着两条錾刻精细的镀金龙。通体施天蓝色珐琅釉为地，颈部饰菊花、梅花纹，腹部饰彩色缠枝莲花纹，腹下部饰蕉叶纹。底铜镀金，阴刻十字杵纹。

藏草瓶是西藏地区用以插圣草供佛的器皿。此瓶颈部、腹部是由不同时期的器物组合而成。腹部为元代器物，腹部的缠枝莲纹为元代典型的装饰图案，花朵大而饱满，枝叶舒展。珐琅釉色鲜丽明快，其中的墨绿、紫色为透明釉，如同宝石般晶莹，是元代珐琅釉的基本特征。

4

掐丝珐琅缠枝莲纹象耳炉
元
高13.9厘米　口径16厘米　足径13.5厘米
清宫旧藏

Cloisonné enamel incense burner with elephant-shaped ears decorated with design of interlocking sprays of lotus
Yuan Dynasty
Height: 13.9cm　Diameter of mouth: 16cm
Diameter of foot: 13.5cm
Qing Court collection

炉为后改器，铜镀金双象首耳，圈足，内置镀金活胆。口铜镀金，口沿下为浅蓝色珐琅釉地上饰各色菊花纹，花芯用铜镀金乳钉嵌成；炉身施宝蓝色珐琅釉为地，饰红、黄、白三色缠枝莲六朵，腹下饰莲瓣纹一周。

炉的珐琅色调鲜艳，高贵典雅，造型端庄敦厚，是元代珐琅工艺的代表作。此炉的双象首耳、錾花炉胆、圈足均为后朝加配。

5

掐丝珐琅缠枝莲纹三足炉
元
高20.5厘米　口径15.3厘米
足距12.8厘米
清宫旧藏

Cloisonné enamel three-legged incense burner with design of interlocking sprays of lotus
Yuan Dynasty
Height: 20.5cm
Diameter of mouth: 15.3cm
Spacing between feet: 12.8cm
Qing Court collection

炉为后改器，仿古鼎式，双冲耳，三柱足。通体饰掐丝珐琅花卉纹。口沿下为草绿色珐琅釉地饰缠枝白色小花；炉身施宝蓝色珐琅釉为地，饰红、白、黄、紫等色珐琅勾莲六朵；三足及炉底均饰缠枝绿叶花卉纹。炉内、口沿以及双耳镀金。

此器釉色丰富纯正，有红、白、黄、蓝、紫、草绿、石绿等十种，其中宝蓝釉及绿釉的色泽犹如青金石、翡翠，具有鲜明的元代珐琅釉色特点。其造型端庄厚重，三足及器里为后配，为仿古佳作。

6 掐丝珐琅缠枝莲纹兽耳炉

元
高16.2厘米　口径23.6厘米　足径16.9厘米
清宫旧藏

Cloisonné enamel incense burner with animal-shaped ears decorated with design of interlocking sprays of lotus
Yuan Dynasty
Height: 16.2cm　Diameter of mouth: 23.6cm
Diameter of foot: 16.9cm
Qing Court collection

炉为后改器，撇口，颈两侧有兽首衔鱼耳，弧腹，高圈足。通体饰掐丝珐琅彩色花卉纹。颈部为宝蓝色釉地饰各色小朵菊花纹，其下施浅蓝色珐琅釉为地，腹部饰盛开的黄、红、白、黄、紫、白色缠枝莲六朵，足墙为豆绿色忍冬纹。底镀金，凸起双龙环抱镌阳文"大明景泰年制"六字楷书款。

此炉口、耳、足做工较粗，珐琅釉色灰暗干涩，与炉身纯正莹透的釉色以及做工有明显区别，当为后配。底款亦为后加。

7 掐丝珐琅缠枝莲纹三足炉

元
高28.4厘米　口径17厘米　足距14厘米
清宫旧藏

Cloisonné enamel three-legged incense burner with design of interlocking sprays of lotus
Yuan Dynasty
Height: 28.4cm　Diameter of mouth: 17cm
Spacing between feet: 14cm
Qing Court collection

炉为后改器，仿古鼎式，双冲耳，三柱足。通体饰掐丝珐琅花卉纹。口沿下施墨绿色珐琅釉地，上饰折枝白色菊花纹；腹部施浅蓝色珐琅釉为地，上饰硕大番莲六朵。底为蓝釉地饰缠枝菊花纹，双耳及柱足饰梅、菊等花卉。

此炉共用浅蓝、墨绿、红、白、紫、黄六色，釉色艳丽，晶莹细润，具有元代的釉色特征。虽然足与器身釉色一致，但衔接处有明显的拼接痕迹。

8

掐丝珐琅缠枝莲纹象首足炉
元
高17.5厘米　口径27.9厘米　足距17厘米
清宫旧藏

Cloisonné enamel incense burner with elephant-head-shaped feet decorated with design of interlocking sprays of lotus
Yuan Dynasty
Height: 17.5cm   Diameter of mouth: 27.9cm
Spacing between feet: 17cm
Qing Court collection

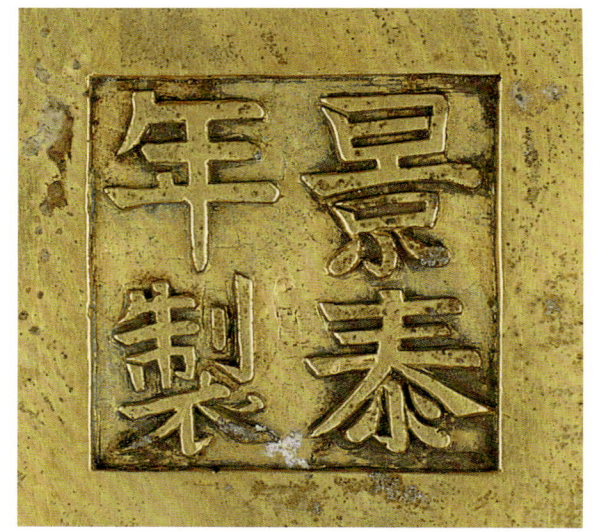

炉为后改器，铜镀金，撇口，双兽首耳，掐丝珐琅三象首足。外口沿下饰菊花纹，腹外壁施蓝色珐琅釉为地，饰六朵缠枝莲花纹。口内饰四季花卉，内壁饰葡萄纹，内底饰四只仙鹤。外底铜镀金，镌剔地阳文"景泰年制"四字楷书款。

此炉由不同时期的器物组成，只有腹外壁的莲花枝叶丰满舒展，花朵硕大，釉色光泽亮丽，为元代器物。内壁及内底釉色与外壁有显著不同，双耳、三足均系后配，款系改器时后加。此炉是研究早期珐琅工艺的珍贵实物。

9 掐丝珐琅缠枝莲纹梅瓶
明早期
高21.5厘米　口径4厘米
足径5.8厘米
清宫旧藏

Cloisonné enamel plum vase with design of interlocking sprays of lotus
Early Ming Dynasty
Height: 21.5cm
Diameter of mouth: 4cm
Diameter of foot: 5.8cm
Qing Court collection

瓶为后改器，小唇口，丰肩，腹下渐收。通体施浅蓝色珐琅釉为地，饰掐丝珐琅花卉纹。颈部饰各色缠枝小朵菊花，肩部饰葡萄纹，在绿叶的衬托下紫晶般的葡萄挂满枝头；肩下有铜镀金弦纹一周，腹部饰红、黄、紫、白色缠枝莲各一朵；近足处饰蕉叶纹。底镀金，镌阴地阳文"景泰年制"四字楷书款。

此器造型端庄，做工精致细腻，釉色纯正稳重，有玻璃质感。纹饰采用了晕染渗透的手法，使葡萄藤叶表现出由绿渐黄，又由黄变枯的变化，增加了艺术效果。弦纹上下衔接处花纹明显有损，上下釉色深浅有别，显然是由两件旧器仿瓷器梅瓶造型重新组合而成。

10 掐丝珐琅兽环耳玉壶春瓶

明早期
高27厘米　口径7.4厘米
足径9厘米
清宫旧藏

Cloisonné enamel pear-shaped vase with animal-shaped ears holding a ring
Early Ming Dynasty
Height: 27cm
Diameter of mouth: 7.4cm
Diameter of foot: 9cm
Qing Court collection

瓶撇口，束颈，垂腹。颈部两道镀金弦纹内饰紫地红白灵芝纹，附有铜镀金兽首衔活环双耳。其余均施浅蓝色珐琅釉为地，饰红、黄、白、墨绿、蓝、宝蓝等色菊花纹。近足处饰红色菊瓣纹。底镌阳文"景泰年制"四字楷书款。

此器造型端庄优美，釉色鲜艳明快，打磨细腻光亮，以小朵花为纹饰特点，杂而不乱，为明早期掐丝珐琅的精品。其肩部的兽耳和口、足均为后配，款识亦系后刻。

11

掐丝珐琅缠枝莲纹熏炉
明早期
通高8.8厘米　口径15.3厘米　足距10厘米
清宫旧藏

Cloisonné enamel censer with design of interlocking sprays of lotus
Early Ming Dynasty
Overall height: 8.8cm　Diameter of mouth: 15.3cm
Spacing between feet: 10cm
Qing Court collection

炉铜镀金，折边口，双绳纹耳，三乳足，附有铜镀金双龙镂空盖。口錾刻回纹，腹部施天蓝色珐琅釉为地，上饰白、黄、紫、白、黄、红色缠枝莲六朵，颈及底饰各色花卉。其盖、耳、足、包口均为后配。

此炉造型小巧别致，掐丝精细，花纹流畅，釉色也较丰富透明，尤以绿色釉为佳，还保持一些元代遗风，但形制与纹饰均有变化，花筋叶脉转折流畅活泼，具有明早期掐丝珐琅特点。

12 掐丝珐琅缠枝莲纹龙耳炉
明早期
高9.8厘米　口径15.3厘米　足径11.8厘米
清宫旧藏

Cloisonné enamel incense burner with dragon-shaped ears decorated with interlocking sprays of lotus
Early Ming Dynasty
Height: 9.8cm　Diameter of mouth: 15.3cm
Diameter of foot: 11.8cm
Qing Court collection

炉撇口，浅腹，镀金龙首吞鱼双耳，圈足外撇。通体施浅蓝色珐琅釉为地，饰掐丝珐琅缠枝莲纹，近足处饰莲瓣纹。底镌阳文"景泰年制"四字楷书款。

此炉造型小巧别致，耳作龙首吞鱼状，形象生动，饶有情趣。所饰缠枝莲纹活泼流畅，填釉饱满，为明早期较有代表性的器物。款识系后刻。

13 掐丝珐琅葡萄纹绳耳炉

明早期
通高11厘米　口径12.8厘米　足距8厘米
清宫旧藏

Cloisonné enamel incense burner with rope-shaped ears decorated with grape design
Early Ming Dynasty
Overall height: 11cm　Diameter of mouth: 12.8cm
Spacing between feet: 8cm
Qing Court collection

炉折边口，绳纹冲天耳，扁圆腹，三足。炉上配有紫檀木盖，白玉镂雕鹭鸶荷花钮。通体施白色珐琅釉为地，口沿下饰小朵花纹，腹部饰掐丝珐琅葡萄纹，茂盛的枝叶下葡萄累累，或绿或紫，饱满晶莹。底蓝釉地饰折枝菊花纹。

此炉釉色纯正透明，尤其是紫色透如紫晶，具有显著的早期珐琅釉色特点，以葡萄纹作为珐琅器的装饰题材，在明初较为常见，寓意吉祥。口及耳、足均为后配。

14 掐丝珐琅葡萄纹冲耳炉
明早期
高9.3厘米　口径10.5厘米　足距9厘米
清宫旧藏

Cloisonné enamel incense burner with loop handles rising from the rim decorated with grape design
Early Ming Dynasty
Height: 9.3cm   Diameter of mouth: 10.5cm
Spacing between feet: 9cm
Qing Court collection

炉折边口，双冲耳，扁圆腹，三乳足。通体施白色珐琅釉为地，口沿下饰彩色朵云纹，腹部饰葡萄纹，掌形叶由墨绿至浅绿至红，挂满秋霜，紫色葡萄已熟透。底部饰菊花纹。

此炉以白色釉为地色，在明代珐琅器中较少见。纹饰以白、绿、紫为主色调，色彩典雅。珐琅釉色柔和、润泽、透亮，有玻璃质感。

15

掐丝珐琅葡萄纹螭耳鼓式炉
明早期
高11.2厘米　口径9.5厘米　足距9.5厘米
清宫旧藏

Cloisonné enamel drum-shaped incense burner with hydra-shaped ears decorated with grape design
Early Ming Dynasty
Height: 11.2cm　Diameter of mouth: 9.5cm
Spacing between feet: 9.5cm
Qing Court collection

炉为后改器，铜镀金，鼓式，双螭耳，三神兽足。腹部上、下饰弦纹，两边为朵云纹，中间为蓝色珐琅釉地，上饰紫色葡萄纹，枝叶为墨绿、草绿色。底铜镀金，镌剔地阳文"景泰年制"四字楷书款。

此器纹饰舒朗，色彩写实，在枝叶的处理上运用了晕染手法，增加了艺术效果。炉的耳、足系后配，款识亦为后刻。

16

掐丝珐琅缠枝莲纹兽耳鼓式炉
明早期
高10.8厘米　口径8.2厘米　足距8.5厘米
清宫旧藏

Cloisonné enamel drum-shaped incense burner with animal-shaped ears decorated with interlocking lotus design
Early Ming Dynasty
Height: 10.8cm　Diameter of mouth: 8.2cm
Spacing between feet: 8.5cm
Qing Court collection

炉为后改器，铜镀金，鼓式，双兽耳衔环，三神兽足。通体以掐丝珐琅天蓝釉为地，腹部上、下饰弦纹，两边仿鼓钉纹，中间饰缠枝莲八朵，底镀金，镌剔地阳文"景泰年制"四字楷书款。

此炉原器应是棋子盒，后加上足和耳，再镌年款，改制成炉。原器釉色光洁纯正，纹饰线条流畅自然，是明早期制品。

17

掐丝珐琅菊花纹双螭耳炉
明早期
通高9.5厘米 口径12.3厘米 足距9.5厘米
清宫旧藏

Cloisonné enamel incense burner with double-hydra-shaped ears decorated with chrysanthemum design
Early Ming Dynasty
Overall height: 9.5cm   Diameter of mouth: 12.3cm
Spacing between feet: 9.5cm
Qing Court collection

炉铜镀金，折边口，扁圆腹，双螭立耳，三乳足。紫檀木盖，钮为青玉镂雕鹭鸶荷花。通体施天蓝珐琅釉为地，口沿饰云纹，腹部饰六组菊花纹，底亦饰菊花纹。

此炉小巧精致，纹饰活泼，釉色有八种之多，填料饱满，是明早期较有代表性的制品。

18

掐丝珐琅菊花纹螭耳熏炉
明早期
通高14.5厘米　口径11.5厘米　足距8厘米
清宫旧藏

Cloisonné enamel censer with hydra-shaped ears decorated with chrysanthemum design
Early Ming Dynasty
Overall height: 14.5cm　Diameter of mouth: 11.5cm
Spacing between feet: 8cm
Qing Court collection

炉为铜镀金，折边口，两侧有铜镀金双螭耳，扁圆腹，三镀金兽足，铜镀金镂空三龙纹盖。通体施翠蓝色珐琅釉为地，上饰掐丝珐琅花卉纹。口沿下为六瓣形缠枝花卉，腹部各色成组菊花交相辉映，底饰缠枝花，正中菊花一朵。

此炉镀金在翠蓝釉衬托下，更显金光灿烂，釉色明丽。耳、口、足均为后配。

19

掐丝珐琅缠枝莲纹球形香熏
明早期
直径14厘米
清宫旧藏

Cloisonné enamel ball-shaped perfumer with design of interlocking sprays of lotus
Early Ming Dynasty
Diameter: 14cm
Qing Court collection

熏为球形,炉、盖各为半球形,中部有启盖钮,可以开合。熏内有大、中、小三层活轴相连的同心圆环,各环轴与炉耳轴交成十字形,无论熏如何转动,悬于三环中心的炉体,总能保持水平状态,不会倾斜,故又称"悬心炉"。熏外表施天蓝色珐琅釉为地,饰掐丝珐琅彩色缠枝莲三层共十二朵,掐丝细致,填釉饱满,色泽稳重,纹饰流畅。盖顶、炉底及口沿处均有铜镀金圆形镂花古钱纹。

此器为熏香用具,唐代出土文物已发现数件银质悬心炉,但明早期掐丝珐琅悬心炉此为仅见。

20

掐丝珐琅花蝶纹海棠式盆
明早期
高14.9厘米　口径36.7/49.2厘米　足径28.2/41厘米
清宫旧藏

Cloisonné enamel begonia-shaped basin with design of butterflies and flowers
Early Ming Dynasty
Height: 14.9cm　Diameter of mouth: 36.7 / 49.2cm
Diameter of foot: 28.2 / 41cm
Qing Court collection

盆呈海棠花瓣式，折边口，下承四镀金足。通体施天蓝色珐琅釉为地，掐丝填饰出洞石、花草、蜂蝶，组成一派百花争艳、彩蝶翻飞、生机盎然的画面。下部用大面积的草绿色釉表现地面，更显得郁郁葱葱，此为明早期的特点。

21

掐丝珐琅七狮戏球图长方盘
明早期
高15.7厘米　口边长33/53.3厘米　底边长34.5/54.6厘米
清宫旧藏

Cloisonné enamel rectangular plate with design of seven lions playing with a ball
Early Ming Dynasty
Height: 15.7cm　Length of mouth brim: 33 / 53.3cm
Length of bottom brim: 34.5 / 54.6cm
Qing Court collection

盘作长方形，四直壁，下承垂云式如意座。通体施天蓝色珐琅釉为地，盘心饰锦地七狮对舞戏球，边饰团锦纹；外壁开光内饰各色花果纹，底座饰缠枝莲纹。底镀金，光素无款。

此器制作工整，纹饰新颖，以掐丝珐琅制作生动活泼的动物纹样，是珐琅工艺的新发展，也是明早期珐琅纹样中所罕见的。

22

掐丝珐琅缠枝莲纹直颈瓶
明宣德
高22厘米　口径2.9厘米　足径9厘米
清宫旧藏

Cloisonné enamel long-necked vase with design of interlocking sprays of lotus
Xuande period, Ming Dynasty
Height: 22cm　Diameter of mouth: 2.9cm
Diameter of foot: 9cm
Qing Court collection

瓶小口，细长颈，垂腹，圈足。通体施天蓝色珐琅釉为地，颈部饰各色缠枝花纹，腹部饰鲜艳的大朵缠枝莲纹，口沿下饰红、黄色蕉叶纹，足墙饰垂莲纹。底镀金，阴刻双线"宣德年制"四字楷书款。

此瓶造型秀丽，纹饰活泼，色彩纯正，在造型、花纹、釉色等方面都具有宣德珐琅器特征。

23

掐丝珐琅缠枝莲纹龙耳炉
明宣德
高9.7厘米　口径15厘米　足径12.3厘米
清宫旧藏

Cloisonné enamel incense burner with dragon-shaped ears decorated with design of interlocking sprays of lotus
Xuande period, Ming Dynasty
Height: 9.7cm　Diameter of mouth: 15cm
Diameter of foot: 12.3cm
Qing Court collection

炉敞口，龙首吞彩云纹双耳，圈足。通体施天蓝色珐琅釉为地，饰两层彩色缠枝莲纹。足墙饰彩色莲瓣纹，底镀金光素。

此炉造型与同期炉相比，较为特殊，图案组合也较新颖。掐丝工细灵活，纹饰舒展流畅，具有宣德时期掐丝珐琅的明显特征。

24

掐丝珐琅花果纹出戟觚
明宣德
高28.8厘米　口径15厘米
足径8.5厘米
清宫旧藏

Cloisonné enamel Gu (beaker) with flanges decorated with flower and fruit design
Xuande period, Ming Dynasty
Height: 28.8cm
Diameter of mouth: 15cm
Diameter of foot: 8.5cm
Qing Court collection

觚仿青铜器的造型，镀金，腹部、足部均四出戟。通体施蓝色珐琅釉为地，颈部有四个蕉叶形开光，内饰荷花、茶花等，开光外饰葡萄纹；腹部饰折枝菊花、石榴、柿子、栀子花；足部四面饰勾莲花纹。

觚造型古朴，镀金虽失去光泽，但色彩绚丽，掐丝活泼。更为重要的是，此觚为原器，没有经过后人的加工改造，是难得的明早期完整作品。觚虽无款识，但其掐丝、釉色与元代器物相比风格不同，而纹饰与宣德时期的漆器有相同之处，故为宣德器。

25 掐丝珐琅缠枝莲纹出戟觚

明宣德
高28.4厘米　口径16.3厘米
足径9.8厘米
清宫旧藏

Cloisonné enamel Gu (beaker) with flanges decorated with design of interlocking sprays of lotus
Xuande period, Ming Dynasty
Height: 28.4cm
Diameter of mouth: 16.3cm
Diameter of foot: 9.8cm
Qing Court collection

觚腹部及足部嵌铜镀金螭形出戟。通体施浅蓝色珐琅釉为地，以缠枝莲纹构成主题图案。口内饰宝蓝、黄、红色缠枝莲各两朵，颈部为宝蓝色蕉叶纹开光，内外均饰缠枝莲纹。底阴刻双线"宣德年制"四字楷书款。

此器造型端庄大方，釉色鲜明，镀金厚重，是宣德珐琅器之精品。出戟和底足为后配。

26 掐丝珐琅缠枝莲纹出戟觚

明宣德
高28厘米　口径15.2厘米
足径7.7厘米
清宫旧藏

Cloisonné enamel Gu (beaker) with flanges decorated with design of interlocking sprays of lotus
Xuande period, Ming Dynasty
Height: 28cm
Diameter of mouth: 15.2cm
Diameter of foot: 7.7cm
Qing Court collection

觚腹部及足部嵌铜镀金螭形出戟。通体施浅蓝色珐琅釉为地，颈部饰宝蓝色蕉叶纹开光，内外饰缠枝莲纹；腹及足部饰红、白、黄、蓝四色缠枝莲纹。口沿及足上部为蔓草纹。底镀金，阴刻双线"宣德年造"四字楷书款。

此器掐丝细致流畅，釉色纯正，但做工较粗，为宣德时期掐丝珐琅器的特征。出戟及底足为后配。

27 掐丝珐琅缠枝莲纹碗
明宣德
高13.9厘米　口径29.7厘米　足径13厘米
清宫旧藏

Cloisonné enamel bowl with design of interlocking sprays of lotus
Xuande period, Ming Dynasty
Height: 13.9cm　Diameter of mouth: 29.7cm
Diameter of foot: 13cm
Qing Court collection

碗敞口，弧壁，圈足外撇。碗外壁用白、绿两色釉互补填出繁密的枝叶，烘托出红、黄、紫、红、紫、红六朵盛开的缠枝莲。碗内施蓝色珐琅釉为地，上饰两条深蓝色龙戏火焰宝珠，龙体修长，蜿蜒生动，各色彩云满布空间。底饰菊花纹，方框内有掐丝填朱红釉"宣德年造"四字篆书款。

此器釉色艳丽纯正，纹饰舒展洒脱，纹饰及釉色都具有宣德时期的特征。碗外砂眼较多，填磨不实，是宣德珐琅器中具有代表性的标准器。

28

掐丝珐琅缠枝花卉纹盏托
明宣德
高1.2厘米　口径19.3厘米
底径15厘米
清宫旧藏

Cloisonné enamel small cup tray with interlocking floral design
Xuande period, Ming Dynasty
Height: 1.2cm
Diameter of mouth: 19.3cm
Diameter of bottom: 15cm
Qing Court collection

盏托为折边口，中心凸起杯槽。盘内施天蓝色珐琅釉为地，折边饰忍冬纹间以梅花纹；杯槽内饰彩色莲花一朵，杯槽外饰彩色缠枝四季花卉；盘外光素镀金。平底，阴刻双线"大明宣德年制"六字楷书款。

此器釉色丰富，有红、黄、白、宝蓝、墨绿、草绿等釉，色泽纯正。其中白如砗磲，绿色鲜丽，具有早期珐琅釉色洁净纯正的特点。

29 掐丝珐琅缠枝花纹字铭盏托

明宣德
高1.2厘米　口径19.3厘米
底径16厘米
清宫旧藏

Cloisonné enamel small cup tray with inscriptions decorated with interlocking floral design
Xuande period, Ming Dynasty
Height: 1.2cm
Diameter of mouth: 19.3cm
Diameter of bottom: 16cm
Qing Court collection

盏托为折边口，中心凸起杯槽。通体施天蓝色珐琅釉为地，折边饰彩釉忍冬纹；盘内以嫩绿的花叶衬托着艳丽的缠枝花六朵。杯槽内是镀金螭纹环抱方栏内镌篆书阳文，字体不规范，应是"景杯绍箒"，意思是：大杯里的酒来自小箩筐里的粮。底镀金，圈内阴刻"大明宣德年制"六字楷书款。

此器釉色光洁，尤以白、绿釉色为最，所饰花纹掐丝活泼，线条流畅，做工亦精。杯槽内的字铭含义深刻。

30 掐丝珐琅缠枝花卉纹高足杯
明宣德
高8.5厘米　口径7.5厘米　足径3.7厘米

Cloisonné enamel stem cup with interlocking floral design
Xuande period, Ming Dynasty
Height: 8.5cm　Diameter of mouth: 7.5cm
Diameter of foot: 3.7cm

杯撇口，高足。通体施蓝色珐琅釉为地，杯外壁饰四朵缠枝花，分别为菊花、茶花、栀子花、勾莲花。足柄饰梅花、菊花。

此杯小巧秀美，纹饰简练，花卉纹样写实。

31 錾胎珐琅缠枝莲纹圆盒

明宣德
高5.5厘米 直径11.3厘米
清宫旧藏

Champleve enamel round box with design of interlocking sprays of lotus
Xuande period, Ming Dynasty
Height: 5.5cm Diameter: 11.3cm
Qing Court collection

盒直壁，平盖面。通体施蓝色珐琅釉为地，盖面錾花填饰深蓝色缠枝莲一朵，盒外壁饰彩色缠枝莲纹。底饰莲瓣团花，内用铜丝嵌出"宣德年造"四字楷书款。

此盒通体为錾花做法，与掐丝珐琅有所不同的是直接在铜胎上錾出图案轮廓线，再填入珐琅釉，经烘烧、磨光、镀金而成。此器胎体厚重，錾花粗犷，釉色浅淡失透，与元代明艳莹透的珐琅釉色差异较大，是目前所见唯一的早期錾胎珐琅制品。

32

掐丝珐琅瓜果纹圆盒
明宣德
高4.6厘米　口径11.9厘米　底径11.8厘米
清宫旧藏

Cloisonné enamel round box with fruit and melon design
Xuande period, Ming Dynasty
Height: 4.6cm　Diameter of mouth: 11.9cm
Diameter of bottom: 11.8cm
Qing Court collection

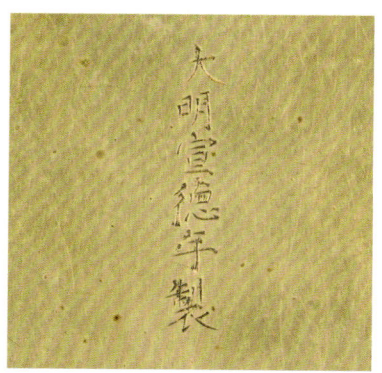

小盒呈扁圆形，直壁，上下对开式。通体施蓝色珐琅釉为地，盖面饰两个西瓜，"西"、"喜"谐音，寓"双喜"之意；盒壁饰缠枝勾莲花。盒盖内、底正中均錾阴文"大明宣德年制"六字楷书款。

此盒上下非原偶，盖内、盒底款识的字体略有不同，釉色亦有区别。尽管如此，上下盒在造型、纹饰、釉色等方面都具有宣德时期的典型特点。

33 掐丝珐琅葡萄纹圆盒
明宣德
高4厘米　口径8.2厘米　底径8厘米
清宫旧藏

Cloisonné enamel round box with grape design
Xuande period, Ming Dynasty
Height: 4cm　Diameter of mouth: 8.2cm
Diameter of bottom: 8cm
Qing Court collection

盒为扁圆形，镀金，盖隆起，平底。通体施天蓝色珐琅釉为地，盖面饰深色葡萄串，配以富有变化的绿叶，生动而有情趣。盒壁饰缠枝小花。

此盒上掐丝的镀金已失去光泽，珐琅釉表面平滑无砂眼，泛出温润的光泽。此盒造型为典型的明早期风格。

34 掐丝珐琅瓜蝶纹瓜式灯座

明宣德
高55厘米　腹径38厘米
清宫旧藏

Cloisonné enamel melon-shaped lampstand with melon and butterfly design
Xuande period, Ming Dynasty
Height: 55cm　Diameter of belly: 38cm
Qing Court collection

灯座为九棱瓜式。通体施蓝色珐琅釉为地，瓜棱上饰有不同的纹饰，以瓜蝶纹为主，间有蝉、螳螂、蜻蜓、蚂蚱、蜜蜂等昆虫纹样。座上有铜柱，瓜的叶蔓镂空缠绕其上，柱内可插灯杆。铜足由秋瓜、瓜叶、瓜蔓组成。

灯座器型大而稳重，座、柱、足的纹饰相互呼应、衬托，錾刻精美。灯座纹饰构图繁复，釉色丰富，绿、黄釉之间，相互渗透，其晕色效果增添了立体感。纹饰寓意吉祥，以"瓜瓞绵绵"比喻"子孙连续"。

35

掐丝珐琅狮戏纹藏草瓶
明中期
高20厘米　口径7.5厘米　足径8.2厘米
清宫旧藏

Cloisonné enamel vase for holy herbs decorated with design of lions at play
Middle Ming Dynasty
Height: 20cm　Diameter of mouth: 7.5cm
Diameter of foot: 8.2cm
Qing Court collection

瓶盘口，直颈，鼓腹，颈、肩部饰铜镀金錾花卷草纹及夔龙。夔龙又称"香草龙"，风行于明代。通体施浅蓝色珐琅釉为地，瓶身饰群狮戏球，间有瓶（平）安异宝，填施白、红、蓝、黄、绿等色珐琅釉。底阴刻双线"大明景泰年制"六字楷书款。

藏草瓶是藏传佛教（即喇嘛教）供器。此瓶口、颈、身的各色珐琅釉花纹表现出不同时期的风格特征。狮戏球纹掐丝熟练，珐琅色彩浓郁，然而缺少早期那种晶莹透亮的特点，而口和颈的釉色略显浅淡，为后拼接而成。

36

掐丝珐琅缠枝莲纹藏草瓶
明中期
高18厘米　口径9厘米　足径8厘米

Cloisonné enamel vase for holy herbs decorated with design of interlocking sprays of lotus
Middle Ming Dynasty
Height: 18cm　Diameter of mouth: 9cm
Diameter of foot: 8cm

瓶铜胎镀金，盘口，直颈，鼓腹，平底内凹。颈、肩上有铜镀金錾花卷草纹及夔龙，外壁施蓝色珐琅釉为地，饰红、白、黄、紫各色缠枝莲花环绕瓶体；近足处饰莲瓣纹。底阴刻双线"大明景泰年制"六字楷书款。

此瓶为藏传佛教（即喇嘛教）供器，它是明王室信奉喇嘛教并与西藏保持密切关系的反映。

37 掐丝珐琅缠枝花卉纹贯耳瓶
明中期
高11.5厘米　口径3厘米　足径3.6厘米
清宫旧藏

Cloisonné enamel vase with pierced handles decorated with interlocking floral design
Middle Ming Dynasty
Height: 11.5cm　Diameter of mouth: 3cm
Diameter of foot: 3.6cm
Qing Court collection

瓶长颈，两侧有贯耳，鼓腹，圈足。通体施浅蓝色珐琅釉为地，颈部饰彩釉折枝花纹，腹部饰菊花六朵。

此瓶小巧玲珑，做工精细，釉色明亮，风格近似于明宣德时期。

38

掐丝珐琅缠枝菊花纹螭耳直颈瓶
明中期
高14厘米　口径3.9厘米　足径4.6厘米
清宫旧藏

Cloisonné enamel long-necked vase with hydra-shaped ears decorated with interlocking chrysanthemum design
Middle Ming Dynasty
Height: 14cm　Diameter of mouth: 3.9cm
Diameter of foot: 4.6cm
Qing Court collection

瓶为盘口，直颈，两侧有镀金双螭耳，扁圆腹，圈足。通体施蓝色珐琅釉为地，上饰菊花纹。底镌剔地阳文"大明景泰年制"六字楷书款。

此瓶掐丝细而均匀，镀金光亮，釉色晶莹温润。器口，双耳，底足及款识均为后配。

39

掐丝珐琅八狮纹三环尊
明中期
高28.6厘米　口径21.2厘米　足距17.5厘米
清宫旧藏

Cloisonné enamel jar with three rings decorated with design of eight lions
Middle Ming Dynasty
Height: 28.6cm　Diameter of mouth: 21.2cm
Spacing between feet: 17.5cm
Qing Court collection

尊广口，肩部嵌铜镀金三兽首衔环，圈足下承铜镀金三翼兽。通体施蓝色珐琅釉为地，颈、腹部各饰四只彩狮戏球，其间缀以杂宝、云纹；彩狮口叼飘带追戏滚球，形象活泼传神。肩部及足墙饰莲瓣纹及流云纹。底镌剔地阳文"景泰年制"四字楷书款。

此尊经后改装拼配而成，拼接处焊接痕迹明显，上为原器，下为碗，加足扣合而成，故上下釉色差别明显，底款也为后加。

此器曾被末代皇帝溥仪携出宫外，并抵押于天津盐业银行，后收回故宫。

40

掐丝珐琅云鹤纹蟠螭耳炉
明中期
高10厘米　口径11.2厘米　足距8厘米
清宫旧藏

Cloisonné enamel incense burner with interlaced-hydra-shaped ears decorated with crane and cloud design
Middle Ming Dynasty
Height: 10cm　Diameter of mouth: 11.2cm
Spacing between feet: 8cm
Qing Court collection

炉铜镀金，折边口，两侧饰铜镀金蟠螭耳，扁圆腹，下承三镀金象首足。通体施翠蓝色珐琅釉为地，饰三只雪白的仙鹤翱翔于云海之中，线条简练，粗犷奔放。颈及底部饰各色六瓣形花卉，底心为菊花纹。

此器釉色明透，尤以翠蓝色玻璃质感较强，前所未见。

41

掐丝珐琅狮戏纹三足炉
明中期
高17.7厘米　口径14.3厘米　足距11.3厘米
清宫旧藏

Cloisonné enamel three-legged incense burner with design of lions at play
Middle Ming Dynasty
Height: 17.7cm　Diameter of mouth: 14.3cm
Spacing between feet: 11.3cm
Qing Court collection

炉为鼎式，直口，镀金双立耳，三个马蹄形足，炉上有玉钮木盖。通体施蓝色珐琅釉为地，腹部饰三狮戏球，底饰三朵缠枝莲花。

此炉所饰狮子形象生动，活泼可爱，色彩斑斓，进一步丰富了珐琅器的装饰技巧。

42

掐丝珐琅应龙纹三足炉
明中期
高13.3厘米　口径12.4厘米　足距9.5厘米
清宫旧藏

Cloisonné enamel three-legged incense burner with dragon design
Middle Ming Dynasty
Height: 13.3cm   Diameter of mouth: 12.4cm
Spacing between feet: 9.5cm
Qing Court collection

炉为鼎式，圆腹，铜镀金双立耳，三个兽首吞柱足。通体施蓝色珐琅釉为地，腹部饰两条应龙，龙有双翅，卷草尾，长吻，口中衔花。炉内及底铜镀金，底长方框内錾阴文横书"大明景泰年制"六字楷书款。

卷草尾的应龙纹在明代珐琅器中常作为装饰图案。此炉的耳、胆、足、底、款识为后加。

43

掐丝珐琅缠枝莲纹三足炉
明中期
高24.8厘米　口径20.8厘米　足距16.5厘米
清宫旧藏

Cloisonné enamel three-legged incense burner with design of interlocking sprays of lotus
Middle Ming Dynasty
Height: 24.8cm　Diameter of mouth: 20.8cm
Spacing between feet: 16.5cm
Qing Court collection

炉为鼎式，直口，釜式腹，镀金双立耳，三个如意云头纹足。腹部施蓝色珐琅釉为地，饰上下二组俯仰缠枝莲花，每两朵花之间饰杂宝纹，有方胜、珊瑚、葫芦、犀角、银锭等。底饰折枝勾莲花一朵。

此炉造型稳重，足部装饰简洁大方，只浮雕出如意云头，不施彩釉。掐丝精细，釉色丰富，莲花和杂宝纹含有"连连进宝"的吉祥之意。

44

掐丝珐琅花蝶纹香筒
明中期
通高21.4厘米　口径16厘米

Cloisonné enamel incense holder with design of butterflies and flowers
Middle Ming Dynasty
Overall height: 21.4cm　Diameter of mouth: 16cm

香筒樽式，三羊足，筒上有盖。盖面镂七个圆孔，中心凸饰太极图，四周阴刻云纹、蝙蝠纹。筒外壁施深蓝色珐琅釉为地，用红、蓝、白、墨绿、姜黄等色釉绘制出一幅通景《花蝶图》，有玲珑剔透的太湖石、枝茂叶盛的菊花、绣球花，飞舞的蝴蝶，还有螳螂、蜜蜂、蜻蜓等昆虫，构成一幅生动有趣的画面。三只古铜色羊承驮香筒。底有缠枝勾莲花六朵，镌剔地阳文"景泰年制"四字楷书款。

此器纹饰近乎写实，同早期那种大花朵图案的风格迥异，浅蓝色釉略显青灰，釉表多细小砂眼，口及足均为铜质本色，这些特征有别于早期或此后掐丝珐琅的特点。根据款识或可认为是景泰年制的。

45 掐丝珐琅狮龙纹碗

明中期
高9.7厘米　口径22厘米　足径9厘米
清宫旧藏

Cloisonné enamel bowl with design of dragon and lions
Middle Ming Dynasty
Height: 9.7cm　Diameter of mouth: 22cm
Diameter of foot: 9cm
Qing Court collection

碗敞口，削腹，圈足。碗内外均施蓝色珐琅釉为地，碗内心饰团花式应龙衔花，圆形开光外环以莲瓣纹，内壁饰四狮戏球及勾云纹。碗外壁饰缠枝俯仰勾莲纹。底镀金，光素无款。

此碗所饰龙纹、狮纹形象生动，勾莲纹错落有致，色彩和谐，是明中期较有代表性的作品。

46 掐丝珐琅龙凤纹盘
明嘉靖
高5.1厘米　口径24.2厘米　足径16厘米

Cloisonné enamel plate with dragon and phoenix design
Jiajing period, Ming Dynasty
Height: 5.1cm　Diameter of mouth: 24.2cm
Diameter of foot: 16cm

盘镀金，撇口、圈足。盘内外均施蓝色珐琅釉为地，盘心饰黄色腾龙及朵云，盘内壁饰凤、凰及仙鹤展翅飞翔。底錾阴文填金"大明嘉靖年制"六字款，字体不甚考究。

此盘原出土资料不详。大部分釉色、金色已被腐蚀，能够辨别出的珐琅釉色有红、黄、白、蓝、绿。尽管珐琅釉已失去了温润的光泽，但此盘是国内唯一一件有明确嘉靖款的金属珐琅标准器，弥足珍贵。

47

掐丝珐琅双龙戏珠纹花口盘
明万历
高8厘米　口径51.8厘米　足径31.8厘米
清宫旧藏

Cloisonné enamel plate with flower-petal mouth decorated with design of two dragons playing with a pearl
Wanli period, Ming Dynasty
Height: 8cm　Diameter of mouth: 51.8cm
Diameter of foot: 31.8cm
Qing Court collection

盘花口，折边，圈足。盘内外均施蓝色珐琅釉为地，盘心饰双龙戏珠，红龙与黄龙张牙舞爪，飞腾追逐，两龙之间有一颗火焰宝珠，四周环绕五彩如意祥云。盘内壁饰两组藏传佛教八宝纹，盘外壁饰俯仰缠枝勾莲纹。底饰六朵缠枝勾莲纹，中间嵌有长方形铜镀金片，其上阴刻双线"大明景泰年造"六字楷书款。

此盘器型硕大，掐丝工艺娴熟，纹饰精美，做工精湛。镀金片下有原器的万历款，景泰款为后加。此盘是万历时期最具代表性的器物。

48

掐丝珐琅缠枝茶花纹盘
明万历
高2.9厘米　口径23.3厘米　底径16.2厘米
清宫旧藏

Cloisonné enamel plate with design of interlocking sprays of camellia
Wanli period, Ming Dynasty
Height: 2.9cm　Diameter of mouth: 23.3cm
Diameter of bottom: 16.2cm
Qing Court collection

盘折边口，平底。盘心施淡粉红色珐琅釉为地，上满饰缠枝山茶花；盘内壁及折边施天蓝色釉，饰花卉纹。外壁天蓝色釉地上饰掐丝如意云头纹。底饰缠枝莲纹，正中为如意云头纹围成长方形边栏，内嵌铜镀金片，其上錾阴文"大明景泰年制"六字楷书款。

此器纹饰缜密，掐丝纤细。在如意云头纹栏内刻款为万历时期掐丝珐琅的明显特征，被挖掉的原款应是绿地掐丝填红釉"大明万历年造"款，景泰款系为后人改刻。

49

掐丝珐琅八宝纹长方熏炉
明万历
高8.1厘米　边长26.8/14.4厘米
清宫旧藏

Cloisonné enamel rectangular censer with design of the Eight Buddhist Emblems
Wanli period, Ming Dynasty
Height: 8.1cm
Length of brim: 26.8 / 14.4cm
Qing Court collection

熏炉为长方形，双朝天耳，四云头足。盖面为镂空镀金绣球锦纹，四边为"卍"字锦纹。通体施白色珐琅釉为地，炉身饰缠枝花卉及各色藏传佛教八宝纹。底饰掐丝勾云纹，正中以彩色如意云头纹围出长方栏，内有掐丝填红釉"大明万历年造"六字楷书款。

此熏炉的形式不多见。款的形式以及炉底装饰纹样具有明万历时期掐丝珐琅器的标准款识特征。

50

掐丝珐琅万寿如意纹三足炉
明万历
高19.5厘米　口径14.8厘米
清宫旧藏

Cloisonné enamel three-legged incense burner decorated with character Shou and swastika symbolizing longevity and satisfactory
Wanli period, Ming Dynasty
Height: 19.5cm　Diameter of mouth: 14.8cm
Qing Court collection

炉为鼎式，镀金双立耳，鼓腹，三兽首衔垂云足。腹部为蓝色珐琅釉地，饰十二朵缠枝灵芝花，间饰团"寿"字，寿字两侧有"卍"字纹，组成"万寿如意"的吉祥图案。底有掐丝填红釉"大明万历年造"六字楷书款。

此炉款识特别值得注意，在万历款上原嵌有长方形镀金片，其大小恰好盖上万历款，在镀金片上刻有景泰款。由于镀金片年久脱落，才使我们看到原有的万历款，并得以了解后世制作假景泰款的手法。

51

掐丝珐琅双龙捧寿纹四足炉
明万历
通高23.5厘米　长20.3厘米　宽13.8厘米

Cloisonné enamel incense burner with four legs decorated with two dragons holding a round character Shou (longevity)
Wanli period, Ming Dynasty
Overall height: 23.5cm　Length: 20.3cm
Width: 13.8cm

炉为长方形，四角出戟，双立耳，四个兽首吞柱足。盖为镂空掐丝双龙纹，上有火焰宝珠钮，组成双龙戏珠图案。炉身的长面饰双龙捧寿，两条夔龙仰望中间的团"寿"字，两侧有"卍"字及如意云头纹，组成"万寿如意"的吉祥图案。炉身的宽面饰一只花瓶，瓶上有"卍"字，瓶中插有戟、磬，瓶的左右各有一条游动的鲶鱼，组成"吉庆有余"的图案。底有长方形铜镀金片，其上阴刻双线"大明景泰年制"六字楷书款。

此炉胎骨厚，稳重大方，掐丝细而流畅，纹饰寓意吉祥，夔龙一称"香草龙"，是明晚期的装饰特点。款为假款，镀金片下的真款应是万历款。

52

掐丝珐琅菊花纹圆盒
明万历
高5.2厘米　口径12.1厘米　足径6.9厘米
清宫旧藏

Cloisonné enamel round box with chrysanthemum design
Wanli period, Ming Dynasty
Height: 5.2cm　Diameter of mouth: 12.1cm
Diameter of foot: 6.9cm
Qing Court collection

盒为两盘扣合式，盖平顶。盖面施天蓝色珐琅釉地，饰缠枝菊花纹，盖壁上层施蓝色釉、下层施绿色釉为地，分别饰杂宝及折枝花纹。盒身为蓝色釉地饰菊花纹，近足处为红色釉地饰如意云头纹。底饰绿色釉勾云纹，正中镀金长方框内有掐丝填红釉"大明万历年造"六字楷书款。

此盒为万历时期具有款识的珍贵珐琅器之一，是断定万历掐丝珐琅器可参照的标准器。

53 掐丝珐琅缠枝灵芝纹圆盒

明万历
高4.7厘米　口径10.3厘米　足径10.3厘米
清宫旧藏

Cloisonné enamel round box with design of interlocking sprays of magic fungus
Wanli period, Ming Dynasty
Height: 4.7cm　Diameter of mouth: 10.3cm
Diameter of foot: 10.3cm
Qing Court collection

盒直壁，平盖面，平底。盖面施蓝色珐琅釉为地，上饰七朵缠枝灵芝，盒壁饰小朵梅花。盒内镀金。底有掐丝填红釉"大明万历年造"六字楷书款。

万历时期的珐琅器掐丝活泼，构图较繁缛，珐琅釉失透，尤其是款识的处理技术改成掐丝填釉，独具特色。

54

掐丝珐琅缠枝菊花纹烛台
明万历
高10.5厘米　口径19厘米　足径11.7厘米
清宫旧藏

Cloisonné enamel candlestick with design of interlocking sprays of chrysanthemum
Wanli period, Ming Dynasty
Height: 10.5cm　Diameter of mouth: 19cm
Diameter of foot: 11.7cm
Qing Court collection

烛台为圆盘形，菊瓣式折边口，盘中置一宝瓶，中出蜡扦。通体以浅蓝色珐琅釉为地，盘内饰彩釉缠枝菊纹及红、黄、白色组成的几何纹，折边为小朵花卉。外壁和底部掐丝填釉各色云纹。底绿地长方框内，錾双线填朱红釉"大明万历年造"六字楷书款。

此器的图案风格和款识都具有万历时期特征。

55

掐丝珐琅甪端
明万历
高36.5厘米
清宫旧藏

Cloisonné enamel Lu Duan (unicorn)
Wanli period, Ming Dynasty
Height: 36.5cm
Qing Court collection

甪端独角，垂尾，昂首欲吼，四爪立于盘蛇之上，蛇头翘在其胸前。通体施豆绿色珐琅釉地，身饰大小螺旋纹，并填以红、黄、白、蓝色珐琅釉。头下有一钮，可使头部转动，头内有阴刻双线横书"大明万历年造"六字楷书款。

甪端是古代传说中的神异之兽，可知四方之事。此器在宫廷中陈设时置于皇帝宝座两侧。

56

掐丝珐琅莲托八宝纹蟠螭蒜头瓶
明晚期
高33厘米　口径3.7厘米　足径11.3厘米
清宫旧藏

Cloisonné enamel garlic-head-shaped vase inlaid with interlaced hydra and decorated with design of lotuses supporting the Eight Buddhist Emblems
Late Ming Dynasty
Height: 33cm　Diameter of mouth: 3.7cm
Diameter of foot: 11.3cm
Qing Court collection

瓶蒜头口，一铜镀金蟠螭攀附于瓶颈，垂腹，高圈足。通体以深蓝色珐琅釉为地，饰掐丝珐琅缠枝莲纹。腹部饰缠枝莲八朵，花上分别承轮、螺、伞、盖、花、瓶、鱼、结藏传佛教八宝纹。腹下部及足墙均饰俯仰莲瓣纹。底镀金，光素无款。

此器釉色较早期制品显得灰暗无光，纹饰繁密，与早期流畅奔放的风格不同，具有明代晚期掐丝珐琅器的特点。

57 掐丝珐琅龙戏珠纹方瓶
明晚期
高21.9厘米　口径6.4厘米　足径7厘米
清宫旧藏

Cloisonné enamel square vase with design of dragon playing with a pearl
Late Ming Dynasty
Height: 21.9cm　Diameter of mouth: 6.4cm
Diameter of foot: 7cm
Qing Court collection

瓶为方形，镀金錾花回纹口沿，颈两侧有铜镀金兽首衔环耳。通体施浅蓝色珐琅釉为地，饰彩色缠枝莲纹。腹部前后饰龙戏珠纹，龙身填黄色珐琅釉。底镀金，光素无款。

此瓶珐琅釉填施均匀，表面光洁，色彩鲜艳，尤以红、黄、白色更为醒目，继承了明万历年间掐丝珐琅的工艺特点，是明代晚期的掐丝珐琅中较突出的制品。

58

掐丝珐琅花蝶纹玉壶春瓶
明晚期
高50.2厘米　口径11.4厘米　足径20.3厘米
清宫旧藏

Cloisonné enamel pear-shaped vase with design of butterflies and flowers
Late Ming Dynasty
Height: 50.2cm　Diameter of mouth: 11.4cm
Diameter of foot: 20.3cm
Qing Court collection

瓶撇口，束颈，垂腹。通体施海蓝色珐琅釉为地，上以掐丝勾云纹作锦，满饰花蝶纹。金蓝色和白色洞石上方，大朵四季花卉俯仰盛开，色彩绚丽，其间各色花草枝蔓缠绕，蜻蜓、蝴蝶上下飞舞，构成一幅繁花似锦的图景。近足处饰莲瓣纹，足墙满布小花彩蝶。底镀金，光素无款。

此器珐琅釉色不及早期的纯正，装饰风格趋向繁密，这是明代晚期掐丝珐琅的特点。

59

掐丝珐琅松竹梅纹出戟瓶
明晚期
高27.6厘米　口径12厘米　足径8.9厘米
清宫旧藏

Cloisonné enamel vase with flanges decorated with design of pine, bamboo and plum
Late Ming Dynasty
Height: 27.6cm　Diameter of mouth: 12cm
Diameter of foot: 8.9cm
Qing Court collection

瓶为尊式，撇口，丰肩，敛腹，颈部有铜镀金六出戟，雕俯莲纹足。通体以海蓝色珐琅釉为主，颈作六个宝蓝色蕉叶形开光，内饰花卉，外饰云纹；腹部饰松、竹、梅纹，用掐丝表现松针，用绿色珐琅釉表现竹，用白花红蕊表现梅，洞石造型表现出"瘦"和"透"的特点。底镀金，錾阴文"大明景泰年制"六字楷书款。

此瓶造型独特，图案题材新颖，与当时的瓷器纹饰有相通之处，但作为珐琅器则是明代晚期出现的新题材。款为后刻。

60

掐丝珐琅夔龙纹双螭瓶
明晚期
高24.3厘米　口径5.7厘米　足径7.8厘米
清宫旧藏

Cloisonné enamel vase with Kui-dragon design and two hydras inlay
Late Ming Dynasty
Height: 24.3cm　Diameter of mouth: 5.7cm
Diameter of foot: 7.8cm
Qing Court collection

瓶撇口，长颈，鼓腹，圈足。通体施蓝色珐琅釉为地，颈部饰弦纹及蕉叶纹，腹部在彩色云纹锦地上饰蓝、赭色两条夔龙，口吐香花，草花尾高卷，腾跃于汹涌的波涛之中，气吞山河。自颈至腹处镶嵌铜镀金的双螭扬尾回首，与海水、彩云、夔龙相映成趣。底镀金，光素无款。

夔龙纹为明代所流行，此瓶纹饰繁缛，金光灿烂。圈足应为后配。

61 掐丝珐琅灵芝仙鹤纹寿字觚
明晚期
高23.4厘米　口径12.1厘米　足径10厘米
清宫旧藏

Cloisonné enamel Gu (beaker) with design of crane, magic fungus and characters Shou
Late Ming Dynasty
Height: 23.4cm   Diameter of mouth: 12.1cm
Diameter of foot: 10cm
Qing Court collection

觚撇口，长颈，中间四出戟，下连铜镀金六边足。颈部饰四个蕉叶形开光，以海蓝色珐琅釉为地，内饰仙鹤飞翔、寿桃成双，间以灵芝纹，外饰如意云头纹。腹部饰四个"寿"字，足部海蓝色釉地上饰山石、牡丹、茶花。

此觚造型曲线优美，掐丝工艺流畅，纹饰生动，釉色绚丽。图案寓意为"富贵长寿"，是明晚期珐琅器的代表作。

62

掐丝珐琅荷塘白鹭图缸
明晚期
高39厘米　口径44.5厘米　底径30厘米
清宫旧藏

Cloisonné enamel vat with design of lotus pond and egret
Late Ming Dynasty
Height: 39cm　Diameter of mouth: 44.5cm
Diameter of bottom: 30cm
Qing Court collection

缸敛口卷沿，鼓腹下敛，平底。外壁通景饰掐丝珐琅《荷塘白鹭图》。水塘表现手法新颖，下部为近景，以浅绿色珐琅釉为地，饰以水波纹；上部为远景，以淡蓝色珐琅釉为地，以云纹作锦，表示倒映在水中的天空，描绘出一派水光接天、鸟语花香的景象。在水天之间，洞石凸起，白鹭独立其上，水中锦鲤游泳，红莲、蓼花飘浮水面，具有浓郁的生活气息。底以蓝色釉作地饰大朵缠枝莲纹。

此缸以往不多见。描绘乡土景象的装饰纹样也是到明代中晚期后才有较多出现。底为后配。

63

掐丝珐琅五伦图梅花式大缸
明晚期
高57.6厘米　口径88厘米　底径62厘米
清宫旧藏

Cloisonné enamel plum-blossom-shaped vat with bird and flower design symbolizing the five human relationships
Late Ming Dynasty
Height: 57.6cm　Diameter of mouth: 88cm
Diameter of bottom: 62cm
Qing Court collection

缸呈梅花式，折边口，弧腹，平底。通体施松石绿珐琅釉为地，通景饰掐丝珐琅《五伦图》。缸身分五开光，内饰凤凰牡丹、双鹤绣球、荷塘双雁、芙蓉孔雀、梅花绶带等花鸟。开光外饰蟠螭纹。

此缸不仅造型独特，纹饰富丽，釉色明艳，且以梅花五瓣巧合"五伦"，颇具匠心。《五伦图》为传统画题，借花鸟比喻君臣、父子、兄弟、夫妻、朋友的和睦关系。形体如此之大的掐丝珐琅器在明代只此一件，它足以代表明代晚期掐丝珐琅的工艺水平。

64 掐丝珐琅山水人物图圆盒

明晚期
高12.3厘米　口径24.9厘米　足径16.9厘米
清宫旧藏

Cloisonné enamel round box with design of figures and landscape
Late Ming Dynasty
Height: 12.3cm　Diameter of mouth: 24.9cm
Diameter of foot: 16.9cm
Qing Court collection

盒呈鼓形，盖顶平面，圈足。盖面掐丝珐琅饰山水人物，松岗上，长者头戴乌纱，身穿红袍，高士一旁指点，前方是石桥流水，远处是彩云掩映着青山古刹。盒壁以海蓝色珐琅釉为地，饰松、竹、梅、秋虫。

以掐丝工艺在小面积上表现山水人物，具有一定的难度，尤其是人物的轮廓、姿态、服饰要表现得准确生动，则对技术的要求较高。这件圆盒的新纹样丰富了珐琅器的装饰题材。

65

掐丝珐琅云鹤纹圆盒
明晚期
高5.4厘米　口径11.1厘米　足径8.8厘米
清宫旧藏

Cloisonné enamel round box with design of crane and clouds
Late Ming Dynasty
Height: 5.4cm　Diameter of mouth: 11.1cm
Diameter of foot: 8.8cm
Qing Court collection

盒铜胎镀金，扁圆形。通体施浅蓝色珐琅釉为地，盖饰彩釉流云飞鹤纹；盒外壁饰勾莲花八朵，黄、白、红、蓝各两朵。底双层，外底脱缺。

此盒胎骨厚重，掐丝精细，镀金灿烂。盖面彩云色彩鲜艳，有黄、白、浅绿、碧绿、宝蓝、紫红、深褐等釉色，白鹤张嘴鸣叫，姿态生动。

66

掐丝珐琅福寿康宁字圆盒
明晚期
高9.1厘米　口径16.5厘米　足径11.5厘米
清宫旧藏

Cloisonné enamel round box with characters "Fu" (happiness), "Shou" (longevity), "Kang" (health), "Ning" (tranquility)
Late Ming Dynasty
Height: 9.1cm　Diameter of mouth: 16.5cm
Diameter of foot: 11.5cm
Qing Court collection

盒呈鼓形，盖平顶，圈足。盖面为白色珐琅釉云纹锦地，中心饰一朵红色勾莲花，周围有四朵灵芝，每朵灵芝上托有一个红色字，合为"福寿康宁"，字之间有杂宝纹。盒壁以蓝色釉为地，饰松、竹、梅及勾莲花。

以吉祥文字作为珐琅器的装饰内容最初出现在明嘉靖年间。同时期的瓷器、漆器中也采用这种装饰方法。

67 掐丝珐琅缠枝花纹提梁壶
明晚期
通高21.7厘米　口径9.7厘米　足径11.5厘米
清宫旧藏

Cloisonné enamel loop-handled pot with design of interlocking floral sprays
Late Ming Dynasty
Overall height: 21.7cm　Diameter of mouth: 9.7cm
Diameter of foot: 11.5cm
Qing Court collection

壶折沿口，直颈，平肩，鼓腹，直提梁为铜镀金錾刻双龙戏珠，曲流为镀金龙首衔凤头。盖饰菊花纹，上有镀金团螭钮。颈、腹部为白色珐琅釉云纹锦地，饰缠枝花纹。底镀金，錾阴文"大明景泰年制"六字楷书款。

此壶造型敦厚，錾刻工艺精细，珐琅釉色鲜明，相映生辉。款为后刻。

68 掐丝珐琅海水蟠螭纹盏托

明晚期
高8.5厘米　口径7.1厘米　足径7.4厘米
清宫旧藏

Cloisonné enamel cup with saucer decorated with design of interlaced hydras and seawater
Late Ming Dynasty
Height: 8.5cm Diameter of mouth: 7.1cm
Diameter of foot: 7.4cm
Qing Court collection

盏托由盏和托组成，盏敛口，鼓腹，托盘葵瓣式，高圈足。通体施蓝色珐琅釉为地，盏外壁饰三个红色釉"寿"字和三条蓝色釉夔龙；盘为六瓣形，盘内饰螭纹，外壁饰梅花、菊花、兰花、荷花等四季花卉。足墙饰海水江崖纹，海水翻卷，流云飘飘，在无垠的天空中，绶带托着一轮红日。

盏托由三组不同的纹饰组成，相互之间虽无关联，却都寓意吉祥，繁而不乱，浑然一体。

69 掐丝珐琅海马纹大碗

明晚期
高12.5厘米　口径27厘米　足径13.4厘米
清宫旧藏

Cloisonné enamel large bowl with sea horse design
Late Ming Dynasty
Height: 12.5cm　Diameter of mouth: 27cm
Diameter of foot: 13.4cm
Qing Court collection

碗撇口，弧腹，圈足。碗内、外壁施蓝色珐琅釉为地，碗心饰两条龙穿行于翻滚的海水中，追戏宝珠。内壁饰六匹不同颜色的海马踏浪奔腾。碗外壁饰缠枝花两层，上层为缠枝花托藏传佛教八宝纹，下层为缠枝花与杂宝相间。底饰缠枝花纹，正中双方框内红釉地上有掐丝填黄釉"奎"字楷书款。

此碗器型大，花纹繁多，色彩绚丽。值得注意的是，其款识与众不同，表明该碗是由民间作坊生产的。

70

掐丝珐琅缠枝花卉纹鹅形匙
明晚期
长31厘米
清宫旧藏

Cloisonné enamel goose-shaped spoon with interlocking floral design
Late Ming Dynasty
Length: 31cm
Qing Court collection

匙为椭圆形，长曲柄。柄首雕成鹅头，鹅喙宽而厚，圆睁双眼，张嘴鸣叫，似在劲飞。匙底部雕有两只回收的蹼爪，可以在放置时保持匙的平衡。匙柄为蓝色珐琅釉地，饰缠枝花卉纹，作为鹅的颈颇显夸张。

此匙为喂药用具，其设计新颖，实用器配以写实的鹅头和蹼部，颇有生活气息，由此可看出珐琅工匠的聪明才智。

71 掐丝珐琅缠枝葡萄纹烛台
明晚期
高9厘米　盘口径18.2厘米
清宫旧藏

Cloisonné enamel candle stand with design of interlocking grapes
Late Ming Dynasty
Height: 9cm　Diameter of tray: 18.2cm
Qing Court collection

烛台由盘、柱、烛扦组成。盘折沿口，下承三个镀金垂云足；柱为镀金观音瓶式。盘内施蓝色珐琅釉地，饰缠枝葡萄，一片大叶表示主枝，垂下三片小叶，叶面用绿色点染红色釉，显得活泼生动。口沿饰缠枝花卉，有石榴、莲花、菊花、茶花四种，表示春、夏、秋、冬四季。盘外壁及底镀金。

烛台造型小巧，为桌上照明用具。烛台的出现与运用，说明珐琅工艺已从陈设器向宫廷日常生活用器方面发展。

72

掐丝珐琅龙凤纹朝冠耳炉
明晚期
高34.6厘米　口径35.3厘米　足距27.5厘米
清宫旧藏

Cloisonné enamel censer with two ears decorated with dragon and phoenix design
Late Ming Dynasty
Height: 34.6cm　Diameter of mouth: 35.3cm
Spacing between feet: 27.5cm
Qing Court collection

炉为鼎式，铜镀金，双朝冠耳，三个马蹄形足。通体施蓝色珐琅釉地，口边饰菊花、乳钉，肩部锤鍱出莲瓣纹；腹部饰双龙戏珠、双凤戏牡丹，间饰彩云、杂宝纹；足饰莲花纹。

此炉器型大，色彩绚丽，图案寓意吉祥，只是胎薄，掐丝略粗，釉色虽丰富，但色泽不甚纯正。

73 掐丝珐琅龙凤纹菱花式炉
明晚期
高23.5厘米　口径37.5厘米　足距36厘米
清宫旧藏

Cloisonné enamel water-chestnut-flower-shaped censer with dragon and phoenix design
Late Ming Dynasty
Height: 23.5cm　Diameter of mouth: 37.5cm
Spacing between feet: 36cm
Qing Court collection

炉为菱花式，三个铜镀金象首足。外壁施蓝色珐琅釉为地，有九对菱花瓣形开光，开光内相间饰云龙、云凤纹，龙为宝蓝色，作腾空起舞状，凤作展翅翱翔状。此炉器型源自樽形，造型完美，与开光装饰相协调，龙纹矫健，凤纹祥和，掐丝流畅，象首足生动写实，是明晚期制作精美的珐琅器。

74 掐丝珐琅胡人进宝式熏炉
明晚期
通高25.4厘米　长17.6厘米　宽15.8厘米
清宫旧藏

Cloisonné enamel water-chestnut-flower-shaped censer with four figure-shaped legs
Late Ming Dynasty
Overall height: 25.4cm　Length: 17.6cm
Width: 15.8cm
Qing Court collection

炉为菱花式，铜镀金象首耳，四个人形足。盖为镀金镂空杂宝纹，元宝形钮。炉身施绿色珐琅釉为地，填蓝色釉钱纹锦地，满饰形态各异、色彩斑斓的蝴蝶。炉足为四个神态庄重的胡人，罗汉装束，胡跪于地，双手上擎，托举着聚宝盆一般的炉。

此炉造型具有很高的整体性，设计新颖独特。镀金胡人形足与盖上的镀金杂宝相呼应，象首式耳与佛教中"白象进宝"之说暗合，蝴蝶与钱纹亦含富贵之意，平添了不少趣味。

75

掐丝珐琅狮形香熏
明晚期
高26.7厘米
清宫旧藏

Cloisonné enamel lion-shaped censer
Late Ming Dynasty
Height: 26.7cm
Qing Court collection

香熏为狮子戏球式，昂首侧视，张口翘尾，蹲坐于地。前爪抬起，似在戏球。狮首有暗钮，可转动，胸前有两个垂缨。用掐丝填以绿色珐琅釉为主，间施红、白两色珐琅釉，表现狮子身披涡状卷毛，胸前及四腿处有錾刻花纹。

香熏造型雄健，比例适度，采用掐丝、錾刻两种工艺恰当地表现出狮子的顽皮可爱的形象。爪下无座，益显得生动而无所约束。

76 掐丝珐琅鸳鸯形香熏
明晚期
高20厘米　长17.3厘米
清宫旧藏

Cloisonné enamel censer in the shape of mandarin duck
Late Ming Dynasty
Height: 20cm　Length: 17.3cm
Qing Court collection

香熏造型为鸳鸯独立式，昂首，顶羽翘起，身上用不同的珐琅釉色来表现其色彩斑斓的羽毛，翅羽上翻，单爪立于荷叶之上，荷叶用多种绿色点染过。背上有钱形盖，中心有方孔，使用时香烟从孔中袅袅升起。

此香熏造型优美，鸳鸯体态轻盈，既是一件实用器，又是一件精美的工艺雕塑品。动物造型的珐琅器出现于明晚期，鸳鸯形的出现丰富了珐琅器的器型。

77 掐丝珐琅缠枝莲纹螭耳熏炉
明晚期
通高24.5厘米　口径22厘米　底径16.3厘米
清宫旧藏

Cloisonné enamel censer with hydra-shaped ears decorated with interlocking sprays of lotus
Late Ming Dynasty
Overall height: 24.5cm　Diameter of mouth: 22cm
Diameter of bottom: 16.3cm
Qing Court collection

炉为桶形，铜镀金双螭耳，下承三兽首足。炉身施蓝色珐琅釉为地，饰彩色缠枝莲花托杂宝纹。盖为后配，饰铜镀金镂空蟠螭纹，边缘为蓝色釉地饰彩色菊花纹，顶有彩色莲瓣纹环绕镂雕夔凤钮。底镌阳文"大明景泰年制"六字楷书款。

熏炉的釉色特点及纹饰风格，均具有明晚期特征。

78

掐丝珐琅缠枝莲八卦纹炉
清康熙
通高65厘米　口径22厘米　足距19厘米
清宫旧藏

Cloisonné enamel "Ba Gua" censer with design of interlocking sprays of lotus
Kangxi period, Qing Dynasty
Overall height: 65cm　Diameter of mouth: 22cm
Spacing between feet: 19cm
Qing Court collection

炉为铜胎镀金，朝冠耳，桶形腹，三象首足，有盖。通体以海蓝色珐琅釉为地，盖面饰八个宝蓝色釉圆形开光，其内镂空出八卦纹，环周有菊花、牡丹纹，顶为镀金镂雕云龙。腹外壁饰红、白、藕荷色缠枝莲各两朵；口沿下为宝蓝色珐琅地饰夔龙纹，口沿錾阴文"大清康熙年制"六字楷书款。象首簪头上嵌青金石、红珊瑚、绿松石、红料石等。

此炉胎体厚重，造型挺拔，掐丝细腻，色彩略显灰暗，这是康熙早期掐丝珐琅工艺的特征。

79 掐丝珐琅缠枝花纹乳足炉
清康熙
高10.1厘米 口径14厘米 足距9厘米
清宫旧藏

Cloisonné enamel censer with breast-shaped feet decorated with interlocking floral design
Kangxi period, Qing Dynasty
Height: 10.1cm Diameter of mouth: 14cm
Spacing between feet: 9cm
Qing Court collection

炉扁圆腹，朝天耳，下承三乳足。通体施浅蓝色珐琅釉为地，掐丝填彩釉饰缠枝莲花及牡丹纹，底双方框内镌剔地阳文"大清康熙年制"六字楷书款。

此炉掐丝很细，釉色显灰暗，刻款颇精，字体工整，为康熙标准款识。

80

掐丝珐琅缠枝莲纹乳足熏炉
清康熙
高8.5厘米　口径9.5厘米　足距7.5厘米
清宫旧藏

Cloisonné enamel censer with breast-shaped feet decorated with interlocking lotus design
Kangxi period, Qing Dynasty
Height: 8.5cm　Diameter of mouth: 9.5cm
Spacing between feet: 7.5cm
Qing Court collection

炉扁圆腹，直口，两侧饰镀金夔凤耳，下承三乳足。通体施海蓝色珐琅釉为地，肩饰镂空掐丝填彩釉缠枝花一周。腹部饰藕荷、红、白、紫、红、黄色缠枝莲六朵。底缠枝相连，正中有镂空镀金"大清康熙年制"六字篆书款。

此炉掐丝虽细，但不够工整，釉地蓝色干涩无光，表现出清初掐丝珐琅的釉色特点。炉底的镂空款识为前所未见。

81 掐丝珐琅缠枝莲纹胆瓶

清康熙
高12厘米　口径1.7厘米　足径5厘米
清宫旧藏

Cloisonné enamel gall-shaped vase with design of interlocking sprays of lotus
Kangxi period, Qing Dynasty
Height: 12cm   Diameter of mouth: 1.7cm
Diameter of foot: 5cm
Qing Court collection

瓶为胆式，直颈，垂腹。通体以浅蓝色珐琅釉为地，腹部饰掐丝珐琅彩釉缠枝莲纹，枝叶以单线勾勒，掐丝极细；足墙饰莲瓣纹。底镀金，錾阴文"康熙年制"四字楷书款。

此器虽地色灰暗，但仍为不可多得的康熙款掐丝珐琅瓶。

82

掐丝珐琅青鸾穿花纹长方盘
清康熙
高1.5厘米 长9厘米 宽7厘米
清宫旧藏

Cloisonné enamel rectangular plate with design of blue fabulous bird among flowers
Kangxi period, Qing Dynasty
Height: 1.5cm
Length: 9cm
Width: 7cm
Qing Court collection

盘长方形，撇口，铜镀金矮足。通体施蓝色珐琅釉为地，饰彩釉缠枝花卉纹。盘心主体纹饰为青鸾穿花，在奇花间飞舞着一只蓝色的鸾鸟，盘内外壁饰变形花卉纹。青鸾及花卉枝叶均为双钩。底镀金，錾阴文"大清康熙年制"六字楷书款。

此器纹饰掐丝工整纤细，特别是釉色纯正，显然改进了珐琅釉的配料方法，克服了釉色干涩灰暗的弊病，为不可多得的具康熙中后期标准款识的珐琅器之一。是研究清康熙年间珐琅工艺的重要实物。造办处造。

83

掐丝珐琅缠枝莲纹圆盒
清康熙
高4.5厘米　口径8.7厘米　足径5.2厘米
清宫旧藏

Cloisonné enamel round box with design of interlocking sprays of lotus
Kangxi period, Qing Dynasty
Height: 4.5cm　Diameter of mouth: 8.7cm
Diameter of foot: 5.2cm
Qing Court collection

盒为扁圆形，矮圈足。通体施天蓝色珐琅釉为地，盖面以缠枝相连成五组花纹，分别饰宝蓝、黄、豆绿、紫白缠枝莲花五朵，中心为红色缠枝莲花。底镀金，饰缠枝莲纹，中心处錾阴文"康熙年制"四字楷书款。

此器器型小巧，掐丝精细灵活，纹饰规整，釉色灰暗，具有康熙早期珐琅器的明显特征，是康熙时期为数不多的有款识的掐丝珐琅器。

84

掐丝珐琅菊石纹小圆盒
清康熙
高2.9厘米　口径8厘米　足径8.3厘米
清宫旧藏

Cloisonné enamel small round box with chrysanthemum and rock design
Kangxi period, Qing Dynasty
Height: 2.9cm　Diameter of mouth: 8cm
Diameter of foot: 8.3cm
Qing Court collection

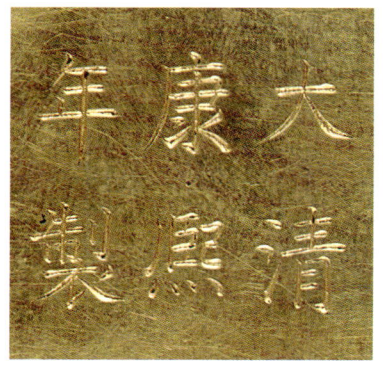

盒直壁，盖面微凸，平底。通体施天蓝色珐琅釉为地，盖面饰菊花、洞石，四周点缀掐丝云纹。底錾阴文"大清康熙年制"六字楷书款。

此器以山石花卉为题材，设色淡雅，图饰简洁明快，为清早期珐琅器中所少见。此器是具有康熙时期标准款的珐琅器，造办处造。

85

掐丝珐琅夔龙纹暖砚盒
清康熙
高5厘米 长14.7厘米 宽11.5厘米
清宫旧藏

Cloisonné enamel box for warming inkslab decorated with Kui-dragon design
Kangxi period, Qing Dynasty
Height: 5cm Length: 14.7cm Width: 11.5cm
Qing Court collection

暖砚盒为长方形,下为炭盒,上置一方松花江石砚。砚石雕夔龙纹,质光洁细腻。与之相配,盒四面施浅蓝色珐琅釉为地,上饰夔龙捧寿纹。四边口沿为铜镀金镂空夔龙纹。底方框内錾阴文"康熙年制"四字篆书款。

暖砚盒是为了防止冬月严寒砚冻而特制的文具,盒内可盛热水或炭火,使墨不受冻而易于书写。此器是清早期文房四宝中的精品,其造型典雅,纹饰规整,浅蓝色釉地色泽较纯正,工艺比康熙早期有所改进。松花江石产于东北松花江和黑龙江汇合处,是清代皇帝御用砚石之一。

掐丝珐琅缠枝牡丹纹笔架
清初
高5.3厘米 长12厘米 宽2.4厘米
清宫旧藏

Cloisonné enamel brush rack with design of interlocking sprays of peony
Early Qing Dynasty
Height: 5.3cm Length: 12cm Width: 2.4cm
Qing Court collection

笔架呈五峰式，铜镀金四委角矮足。通体施淡蓝色珐琅釉为地，正背两面均饰红、蓝、紫三色缠枝牡丹。底镀金，錾花蔓草纹。

此器釉色灰暗，反映出清代初期掐丝珐琅器自行烧炼釉料的特点，这是清代初期掐丝珐琅器的特征之一。此外，掐丝细腻流畅，纹饰舒展，可视为清初掐丝珐琅器的又一特点。此器两种特点具备，因而是清初珐琅器中比较有代表性的。

87

掐丝珐琅缠枝莲纹球形香熏
清初
直径16.2厘米
清宫旧藏

Cloisonné enamel ball-shaped censer with design of interlocking sprays of lotus
Early Qing Dynasty
Diameter: 16.2cm
Qing Court collection

熏球形，由器、盖两半组成。盖、底中心及口四边镂空出花纹。内设有大、中、小套合的三个活轴相连的同心圆机环，大环与球壁相连，小环中心置一小铜炉，各环轴与炉耳轴成交错"十"字形。无论外层球体如何转动，悬于三环中心的炉体总能保持平衡状态。外壁通体施浅蓝色珐琅釉地，饰单线掐丝填彩釉勾莲纹和盛开的番莲纹。香熏下有托座。

此香熏是仿造明早期珐琅作品制造，一称"悬心炉"，珐琅釉色淡雅，掐丝纤细，纹饰流畅，与明代器物风格显著不同。造办处造。

88 掐丝珐琅缠枝莲纹棋子盒
清初
高11.7厘米　口径9.5厘米　底径7.8厘米

Cloisonné enamel box for holding chessmen decorated with interlocking sprays of lotus
Early Qing Dynasty
Height: 11.7cm　Diameter of mouth: 9.5cm
Diameter of bottom: 7.8cm

盒呈钵形，敛口，圆腹下收，平底。通体施浅蓝色珐琅釉为地，腹部饰掐丝彩色缠枝莲花，分别为红、黄、白、紫色。底饰红、黄、白色菊花纹。

此盒纹饰以单线串联而成，掐丝舒展，花朵充实饱满，色彩略显灰暗，有砂眼。虽有明代风格，但掐丝纤细略显刚劲，反映出清初纹饰的特点。

89

掐丝珐琅缠枝莲纹兽首衔环耳壶
清初
高35厘米　口径16.7厘米　足径19厘米
清宫旧藏

Cloisonné enamel ewer with animal-head-shaped handles holding a ring decorated with interlocking lotus design
Early Qing Dynasty
Height: 35cm　Diameter of mouth: 16.7cm
Diameter of foot: 19cm
Qing Court collection

壶广口，束颈，垂腹，高足，肩两侧有铜镀金双兽首衔环耳。通体浅蓝色珐琅釉为地，由铜镀金双线弦纹将壶身纹饰分为五层，除腹下满饰掐丝勾云纹外，其余四层均饰彩釉缠枝莲纹。腹部为红、豆绿、蓝、红、黄、白色大朵缠枝莲花六朵，弦纹间饰折枝五瓣形小朵花纹。

此器造型仿古青铜器，釉色鲜艳，掐丝细腻，纹饰流畅活泼。

90

掐丝珐琅狮戏纹高足碗
清初
高11.2厘米　口径19.8厘米　足径5.4厘米
清宫旧藏

Cloisonné enamel stem bowl with design of lions playing with a ball
Early Qing Dynasty
Height: 11.2cm　Diameter of mouth: 19.8cm
Diameter of foot: 5.4cm
Qing Court collection

碗撇口，高足，口沿与足边均镀金。碗内外均以天蓝色珐琅釉为地，外壁饰白、绿、蓝三色狮子戏绣球，内壁饰双彩凤戏红牡丹，碗心开光，饰有祥云团龙；近足处绿色莲瓣纹，足柄上饰四朵勾莲纹。底镀金，镌剔地阳文"景泰年制"四字楷书款。

此碗填以十几种釉色，色泽鲜艳，镀金灿烂，釉面平滑，胎体厚重，掐丝细腻，器型规整，是康熙后期仿造景泰年制的珐琅器。

91

掐丝珐琅寿字靠背椅
清初
高83厘米　宽53厘米
清宫旧藏

Cloisonné enamel high-back chair with character "Shou" on splat
Early Qing Dynasty
Height: 83cm　Width: 53cm
Qing Court collection

椅作海棠式，转圈扶手，前镶铜镀金双立螭。通体施蓝色珐琅釉为地，椅背饰深蓝色釉"工"字纹锦地，锦地上饰红色"寿"字及彩色双螭。座面饰龟背锦纹，并在中心处饰掐丝勾云纹和填绿釉螭纹，椅面边壁及四腿均饰各色缠枝莲纹及黄色龟背锦纹。

此椅釉色灰暗无光，掐丝欠细，镀金不亮，均为清初掐丝珐琅工艺特点。

92

掐丝珐琅胡人捧瓶座落地灯
清初
高131厘米　底长27厘米　底宽23厘米
清宫旧藏

Cloisonné enamel floor lamp decorated with a figure on its stand
Early Qing Dynasty
Height: 131cm　Length of stand: 27cm　Width of stand: 23cm
Qing Court collection

灯座为胡人捧瓶形。方座之上，胡人取单腿胡跪式，深目高鼻，胡须浓密，双手捧观音瓶，瓶口上的灯柱饰卷草托灯盘，盘上小盏中置蜡扦，一侧有莲瓣形灯罩。通体以蓝色珐琅釉为地，瓶及灯具饰彩色缠枝莲纹；胡人身穿罩甲，饰掐丝填釉缠枝莲及菊花纹，并饰"寿"字；人物的头、腿、足部均镀金。

此器釉色灰暗，砂眼较多。灯座的胡人形象反映了中西文化的交流与融合。

93 | **掐丝珐琅缠枝莲纹烛台**
清初
高17厘米　底径9.7厘米
清宫旧藏

Cloisonné enamel candlestick with design of interlocking sprays of lotus
Early Qing Dynasty
Height: 17cm   Diameter of bottom: 9.7cm
Qing Court collection

烛台由烛扦、柱、托盘三部分组成。柱上置一浅盘式小盏内插钎，下承高足托盘。通体施浅蓝色珐琅釉为地，上饰彩色缠枝莲纹。小盏心饰菊花一朵，托盘里、外及高足各饰红、黄、紫、白缠枝莲花四朵。底镀金，光素无款。

此器掐丝细致，工整流畅，但珐琅釉色显灰暗干涩，具有康熙早期珐琅器的明显特征。

掐丝珐琅兽面纹石榴尊
清乾隆
高18.6厘米　口径6.5厘米　足径9.8厘米
清宫旧藏

Cloisonné enamel pomegranate-shaped jar with animal mask motif
Qianlong period, Qing Dynasty
Height: 18.6cm　Diameter of mouth: 6.5cm
Diameter of foot: 9.8cm
Qing Court collection

尊为石榴形，颈、腹有瓜棱式凹线，圈足。颈、腹、足施天蓝色珐琅釉地，上下各饰彩釉蕉叶纹作装饰带，兽面纹作腹部的主要纹饰，口沿及肩、胫以宝蓝色珐琅釉为地饰彩色蟠螭纹。底镀金，双方框内錾阴文"乾隆年制"四字楷书款。

此器型别致美观，釉色艳丽丰富，尤其粉红色为乾隆时期的典型釉色。

95

掐丝珐琅缠枝莲纹开光长颈瓶
清乾隆
高29厘米　口径6.5厘米　足径9.4/8厘米
清宫旧藏

Cloisonné enamel long-necked vase with interlocking lotus design within reserved panels
Qianlong period, Qing Dynasty
Height: 29cm　Diameter of mouth: 6.5cm
Diameter of foot: 9.4 / 8cm
Qing Court collection

瓶洗口，长颈，扁腹，椭圆形圈足，铜镀金兽首衔活环双耳，口、足为铜镀金莲瓣纹。通体施天蓝色珐琅釉为地，饰彩色缠枝莲纹。腹部正、背两面凸起桃形开光，内饰海水江崖、灵芝和红色蝙蝠，组成吉祥纹样；近足处为如意云头纹。底镀金，镌阳文"乾隆年制"四字楷书款。

此器造型俊秀，装饰富丽，釉色鲜艳，画面工致。纹样寓意有"洪福齐天"，"寿比南山"的吉祥之意。此器体现了乾隆时期标准珐琅器的风格。

96

掐丝珐琅勾莲纹六方贯耳瓶
清乾隆
高30厘米　口径11.3/6.8厘米　足径12.4/7.8厘米
清宫旧藏

Cloisonné enamel hexagonal vase with pierced handles decorated with delineated lotus design
Qianlong period, Qing Dynasty
Height: 30cm　Diameter of mouth: 11.3 / 6.8cm
Diameter of foot: 12.4 / 7.8cm
Qing Court collection

瓶为扁体六方形，双贯耳，高足。通体以天蓝色珐琅釉为地，饰彩釉勾莲纹，口沿下为蕉叶纹，双贯耳饰彩色小朵菊花纹。底镀金，镌阳文"大清乾隆年制"六字楷书款。

此瓶器型规整大方，纹饰精细，釉色灰暗无光。

97

掐丝珐琅花蝶纹天球瓶
清乾隆
高32厘米　口径6.3厘米　足径8.2厘米
清宫旧藏

Cloisonné enamel globular vase decorated with design of flowers and butterflies
Qianlong period, Qing Dynasty
Height: 32cm　Diameter of mouth: 6.3cm
Diameter of foot: 8.2cm
Qing Court collection

瓶为直口，球形腹，圈足。通体以浅蓝色珐琅釉为地，掐丝填白、藕荷、粉红、蓝、黄等釉色，满饰百合、牡丹、桃花、菊花、梅花、牵牛花等各种折枝花卉，花间点缀各式彩蝶翻飞起舞。底镀金，镌阳文"景泰年制"四字楷书款。

此器釉色鲜丽，图案写实生动。其造型、图案和釉色均系清中期之特点，全无明代掐丝珐琅风格，是乾隆时期仿造的景泰珐琅器。

98

掐丝珐琅勾莲纹双联锦袱瓶
清乾隆
高33厘米
清宫旧藏

Cloisonné enamel twin-vase with delineated lotus design and brocade bundle decor
Qianlong period, Qing Dynasty
Height: 33cm
Qing Court collection

瓶为双联体，其中大瓶盘口，呈玉壶春瓶式，附铜镀金夔龙衔活环双耳，颈部錾花卉纹一周；小瓶撇口，呈观音瓶式。大小瓶分别以天蓝色和宝蓝色珐琅釉作地，均饰彩色勾莲纹及花卉纹。双瓶腹部用绿色釉团花"寿"字锦袱裹系，十分别致美观。双瓶底正中均有双方框内錾阴文"乾隆年制"四字楷书款。

此器造型与装饰风格均为乾隆时期所特有，裹系双瓶的织锦包袱做得颇有质感，耐人观赏。表明这一时期珐琅制作工艺向多方面发展，并富有变化。

99

掐丝珐琅缠枝莲纹鹅形瓶
清乾隆
高20厘米　足径7.3厘米
清宫旧藏

Cloisonné enamel goose-shaped vase with interlocking lotus design
Qianlong period, Qing Dynasty
Height: 20cm
Diameter of foot: 7.3cm
Qing Court collection

瓶为鹅形，鹅首形颈，球形腹，圈足。鹅首及背羽作天蓝色珐琅釉地，饰双钩线缠枝莲及六瓣形花卉纹，用宽线勾出双翅；瓶口饰菊花瓣纹；鹅腹饰白色釉掐丝羽毛纹。底双方框内錾阴文"乾隆年制"四字仿宋体字款。

此瓶造型别致，鹅的曲颈平伸，鹅首作为手柄，生动有趣，反映出乾隆时期珐琅器形制变化多样，追求新颖奇特的特点。

100 掐丝珐琅缠枝花纹双联瓶

清乾隆
高27厘米　口径（大）6.5（小）5.5厘米　足径（大）8.5（小）7.6厘米
清宫旧藏

Cloisonné enamel twin-vase with interlocking floral design
Qianlong period, Qing Dynasty
Height: 27cm
Large one: Diameter of mouth: 6.5cm
Diameter of foot: 8.5cm
Small one: Diameter of mouth: 5.5cm
Diameter of foot: 7.6cm
Qing Court collection

瓶呈橄榄式，大小相连成一体。两瓶外装饰有镀金仿古纹饰，近小口处与大口间跨一铜镀金螭龙形提梁，瓶肩部为绳纹，环周垂蝉纹及兽首衔方环纹等装饰。两瓶施蓝色珐琅釉地，饰錾花镀金蟠螭纹、掐丝珐琅双钩缠枝莲纹和花卉纹。足边及大口处饰宝蓝色如意云头纹。大瓶底双方框内錾阴文"大清乾隆年制"六字楷书款。

此器胎体厚重，以掐丝和錾花相结合的工艺制作，二者相得益彰，表现出乾隆时期珐琅器制作的高超技巧，特别是此双联瓶造型独特，颇有新意，且恰当地运用了仿古纹样，增加了器物的文化内涵。

101

掐丝珐琅锦纹扁壶
清乾隆
高12.5厘米　口径3.8厘米　足径8/4.3厘米
清宫旧藏

Cloisonné enamel flask with brocade design
Qianlong period, Qing Dynasty
Height: 12.5cm　Diameter of mouth: 3.8cm
Diameter of foot: 8 / 4.3cm
Qing Court collection

壶圆口，扁圆腹，长方足，肩部附铜镀金双螭耳。通体施天蓝色珐琅釉为地，颈饰掐丝如意云头纹，腹两面饰镀金錾花忍冬纹长方格，格内饰菊花纹；足饰镀金錾花云头纹。底镌阳文"乾隆年制"四字楷书款。

扁壶造型仿自战国铜器，釉色清纯，锦纹工整，器型独特，纹饰美观。

102

掐丝珐琅番莲云蝠纹扁壶
清乾隆
高22.2厘米　口径3.2厘米　足径5.6/11.6厘米
清宫旧藏

Cloisonné enamel flask with design of
passionflowers, bats and clouds
Qianlong period, Qing Dynasty
Height: 22.2cm　Diameter of mouth: 3.2cm
Diameter of foot: 5.6 / 11.6cm
Qing Court collection

壶直口，口下为蒜头形，扁腹，肩饰铜镀金双凤首衔环耳，椭圆形足。口、肩部施宝蓝色珐琅釉地，饰彩色螭纹，其余部位呈如意云头形，以天蓝色珐琅釉作地，两面中心饰大朵番莲花，两边为彩云蝠蝠纹。足墙饰如意云头纹。底镀金，双方框内錾阴文"乾隆年制"四字宋体字款。

扁壶造型仿自战国青铜器。装饰纹样取反转式，富于变化，寓意吉祥，錾胎起线和掐丝起线相结合，有良好的艺术效果。

103

金胎掐丝嵌画珐琅开光仕女图执壶
清乾隆
通高39厘米　宽28厘米
清宫旧藏

Cloisonné enamel gold-bodied ewer inlaid with painted enamel design of ladies within reserved panels
Qianlong period, Qing Dynasty
Overall height: 39cm　width: 28cm
Qing Court collection

执壶为金胎，长颈，扁圆腹，铜镀金龙首流和如意曲柄，椭圆圈足。盖顶有红珊瑚宝珠钮。通体施蓝色珐琅釉为地，盖、颈、肩、足均以嵌画珐琅片作开光，开光内绘山水、花卉、仕女图，开光外为掐丝珐琅勾莲纹；腹部主体纹饰作两面花瓣式开光，内绘《庭院母子图》。底双方框内錾阴文"大清乾隆年制"六字楷书款。

以昂贵的黄金做珐琅器的胎体，始于乾隆时期，反映出当时皇家的奢侈与财力。此壶以中国传统绘画为题材，画工精致，符合皇家的审美情趣。掐丝珐琅与画珐琅两种工艺同时运用在一件器物上是乾隆时期的创新，这类珐琅器是乾隆时期的极品。

104

金胎掐丝嵌画珐琅开光课子图葫芦式执壶
清乾隆
通高39厘米　宽25.5厘米
清宫旧藏

Cloisonné enamel gold-bodied ewer in the shape of calabash inlaid with painted enamel design of figures within reserved panels
Qianlong period, Qing Dynasty
Overall height: 39cm　Width: 25.5cm
Qing Court collection

执壶为金胎，葫芦式，上圆下方，铜镀金龙首流，嵌珊瑚如意柄。通体施蓝色珐琅釉为地，开光外为掐丝珐琅饰勾莲纹，开光内为画珐琅。盖上四面开光，内绘《西洋仕女图》，顶有红珊瑚钮。颈部四面开光，内绘胭脂色山水风景。上圆腹有四面花瓣式开光，内绘《庭院仕女图》；下腹有方形开光，内绘《课子图》和山水、花蝶图。壶环周嵌有九层珍珠、珊瑚。底双方框内錾阴文"乾隆年制"四字楷书款。錾花铜镀金底座。

此壶画珐琅画面精美，色彩柔和淡雅，人物传神，教子读书是乾隆时期的流行画题。壶的装饰奢华，体现出皇家富丽堂皇的气派。

105

金胎錾花嵌画珐琅开光西洋人物图执壶
清乾隆
通高18.7厘米　宽12.1厘米
清宫旧藏

Champleve enamel gold-bodied ewer inlaid with painted
enamel design of western ladies within reserved panels
Qianlong period, Qing Dynasty
Overall height: 18.7cm　Width: 12.1cm
Qing Court collection

执壶为金胎，细颈，圆腹，铜镀金龙首流和如意曲柄，圈足。通体錾花镀金填绿色珐琅釉。盖面四开光，内绘花卉图，顶有仰莲托珊瑚珠钮。颈两开光内绘折枝花卉，流及柄上下四开光绘胭脂色山水风景；腹两面开光，内绘西洋妇婴。底镀金，双方框内錾阴文"乾隆年制"四字宋体字款。

乾隆时期的画珐琅中出现了以西洋人物、建筑为内容的装饰。此壶所绘图案中既有中国传统的花卉图，又有外来的西洋人物和风景画，中西文化合璧是乾隆时期珐琅器的一大特色。

106

掐丝嵌画珐琅山水图执壶
清乾隆
通高8.5厘米　口径5.3厘米　足径6.8厘米
清宫旧藏

Cloisonné enamel ewer inlaid with painted enamel landscape design
Qianlong period, Qing Dynasty
Overall height: 8.5cm　Diameter of mouth: 5.3cm
Diameter of foot: 6.8cm
Qing Court collection

壶短直口，鼓腹，有铜镀金龙首流和曲柄，卧足。通体施天蓝色珐琅釉为地，盖平顶，饰缠枝莲纹，云头式开光内绘画珐琅山水风景，中心有桃形钮。腹部饰夔龙及双凤穿花纹，两侧各有一云头式开光，内嵌画珐琅粉彩山水风景。底镀金，双方框内錾阴文"乾隆年制"四字楷书款。

此器造型小巧精致，制作工艺考究，画面秀丽，是一件风格鲜明的乾隆掐丝珐琅器。

107 掐丝珐琅凫形提梁壶

清乾隆
通高15.3厘米 宽25厘米
清宫旧藏

Cloisonné enamel wild-duck-shaped pot with loop-handle
Qianlong period, Qing Dynasty
Overall height: 15.3cm Width: 25cm
Qing Court collection

壶为立凫形，平首，开屏尾，背驮提梁壶。镀金如意云头纹方形提梁，兽形钮。通体施天蓝色珐琅釉地，掐丝填釉各色缠枝小朵菊花纹，胸腹为各色蕉叶纹，并錾阴文"乾隆年制"四字楷书款。

以动物禽鸟类作为器物造型是乾隆时期珐琅器特点之一，前所未有。此器壶身为凫形，生动别致，为乾隆时期珐琅器的一种典型造型。

108 掐丝珐琅缠枝莲纹多穆壶
清乾隆
通高53厘米　口径10.4厘米　足径15厘米
清宫旧藏

Cloisonné enamel Duomu pot with interlocking lotus design
Qianlong period, Qing Dynasty
Overall height: 53cm　Diameter of mouth: 10.4cm
Diameter of foot: 15cm
Qing Court collection

壶为竹筒形，斜口，圈足，龙首流，龙首吞鱼柄，盖红珊瑚宝珠钮。口沿饰鎏金錾花蔓草纹并镶嵌珊瑚、料珠，器身有鎏金錾花三道弦纹。通体施天蓝色珐琅釉为地，盖面小开光内饰蟠螭纹；器身均饰彩色缠枝莲纹。足墙一侧有镀金长方框，内錾阴文"大清乾隆年制"六字楷书款。

多穆壶系满、蒙、藏等民族盛奶用的金属器皿。此器造型具有浓郁的游牧民族风格，铜质精纯，釉质细润，是清代乾隆时期珐琅器中的精美之作。

109 掐丝珐琅缠枝莲纹奶壶
清乾隆
通高12厘米　口径13厘米
清宫旧藏

Cloisonné enamel milk ewer with design of interlocking sprays of lotus
Qianlong period, Qing Dynasty
Overall height: 12cm　Diameter of mouth: 13cm
Qing Court collection

壶圆形，短方流，圆环柄，盖凸起五层，镀金莲花顶上有宝珠钮。通体施浅蓝色珐琅釉为地，盖环周饰各色花卉、云纹；口沿下及柄饰忍冬纹，腹及流饰彩色缠枝莲纹。近足处饰莲瓣纹。底镀金，錾十字杵纹，中心錾阴文"乾隆年制"四字楷书款。

此壶整体造型浑圆敦实，流与柄的设计别致，精巧简洁，系仿造西藏金属器的风格。

110

掐丝珐琅缠枝莲纹贲巴壶
清乾隆
高23厘米　宽11.5厘米　足径7.4厘米
清宫旧藏

Cloisonné enamel Benba pot with interlocking lotus design
Qianlong period, Qing Dynasty
Height: 23cm　Width: 11.5cm
Diameter of foot: 7.4cm
Qing Court collection

壶为塔式，球形腹，高顶，直角立流，有盖。顶如塔刹，雕五层莲瓣，各有变化，上托宝珠钮。通体施浅蓝色珐琅釉为地，上饰彩色缠枝莲及六瓣形花卉纹。腹部饰六大朵盛开的缠枝莲花，座饰缠枝莲纹。底双方框内錾阴文"乾隆年制"四字楷书款。

此器型早期出现于唐宋时期的瓷器中，又称"净瓶"。原为佛教法器，由西藏地区的金属制品演变而来。乾隆时期将其制造成珐琅器，式样流传于清代。

掐丝珐琅缠枝莲纹军持
清乾隆　高23.1厘米　口径7厘米　底径9.5厘米
清宫旧藏

Cloisonné enamel Kendi with interlocking lotus design
Qianlong period, Qing Dynasty
Height: 23.1cm　Diameter of mouth: 7cm
Diameter of bottom: 9.5cm
Qing Court collection

军持撇口，束颈，球形腹，高直流，高柄式底座。通体施天蓝色珐琅釉为地，颈部饰蕉叶、折枝花纹，腹部饰大朵缠枝莲花，腹下部凸起弦纹，至座底边分饰红、粉红、蓝色如意云头纹、折枝花纹及莲瓣纹。底镀金，双方框内錾阴文"乾隆年制"四字楷书款。

军持式样源自西亚，为佛教及伊斯兰教徒的饮水、洗手用具。

136

锤鍱起线珐琅五伦图屏风
清乾隆
通高294厘米　横395厘米
清宫旧藏

Enamel screen with repousse design of flowers and birds symbolizing the five human relationships
Qianlong period, Qing Dynasty
Overall Height: 294cm　Width: 395cm
Qing Court collection

屏风分五扇屏，紫檀木框，顶部饰紫檀木镂雕云蝠纹屏帽，两侧边饰木雕花牙板，底置木雕莲瓣纹须弥座。屏心所饰山水花鸟图，均以铜胎锤鍱起线勾画出花纹轮廓，内填彩色珐琅釉制成。放置时，中间三扇横直排列，两端各一扇外撇呈"八"字形。

画面内容以禽鸟寓意"五伦"，所谓"五伦"即"君臣有义，父子有亲，夫妇有别，长幼有序，朋友有信"，是封建社会中人与人之间必须遵循的准则。五扇画面虽自成段落，但总体构图却崇山相连，江河相通，构成了一幅色彩艳丽的通景山水花鸟画。屏风的锤鍱起线珐琅和紫檀雕刻技艺均表现出广东地区的制造风格。据《宫廷·进单》载："乾隆四十年（1775）七月二十九日，广东巡抚德保跪进紫檀嵌珐琅五屏风一座。"

137

锤鍱起线珐琅太平有象尊
清乾隆
通高170厘米　长100厘米　宽55厘米
清宫旧藏

Repousse enamel Zun in the shape of an elephant with a vase on it's back
Qianlong period, Qing Dynasty
Overall height: 170cm　Length: 100cm　Width: 55cm
Qing Court collection

尊为立象形，象背配鞍鞯，上驮宝瓶，立于长方形须弥座上。象身为白色，饰彩釉菱形勾云纹；其余以浅蓝釉为地，鞍鞯上饰云龙戏珠纹，宝瓶饰彩釉璎珞、宝相花纹，底座四面饰方格花朵纹锦地，上有不规则矩形开光，内饰勾莲纹。

此尊造型源自佛教题材，后成为中国吉祥图案，寓意为"太平有象"。制造工艺规整细腻，色彩淡雅，为乾隆年间广东巡抚李侍尧贡进，曾陈设于清宫钦安殿内。钦安殿是供奉玄武大帝的场所，是道教的神殿之一。

138

掐丝珐琅缠枝莲纹五供
清乾隆
瓶高20.2厘米　炉通高19.3厘米　烛台高23.5厘米
清宫旧藏

Cloisonné enamel Five Offerings with design of interlocking lotus
Qianlong period, Qing Dynasty
Height of vases: 20.2cm　Overall height of incense burner: 19.3cm
Height of candlesticks: 23.5cm
Qing Court collection

五供为佛堂供器，分别为二瓶、二烛台、一炉。

瓶盘口，镀金如意形套活环双耳，圈足，莲叶座。插花之用。

烛台有蜡扦，钟式高足托盘，莲叶座。燃烛之用。

炉为鼎式，盘口，朝冠耳，三柱足，莲叶座。焚香之用。

五件供器均为浅蓝色珐琅釉地，饰掐丝珐琅彩釉缠枝莲及小朵花卉纹。底均有双方框内錾阴文"乾隆年制"四字楷书款。

139 掐丝珐琅八宝

清乾隆
通高24.8厘米 底径7.3厘米
清宫旧藏

Cloisonné enamel Eight Buddhist Emblems
Qianlong period, Qing Dynasty
Overall height: 24.8cm Diameter of bottom: 7.3cm
Qing Court collection

八宝为铜胎镀金，分别为轮、螺、伞、盖、花、瓶、鱼、结，下承绿色珐琅釉莲蓬，外包粉红色莲花，莲花出石制宝蓝色葫芦，其下为束腰式底座，座面饰海水纹。纹饰均经锤鍱而成，内填浅绿、碧绿、粉、白等色珐琅釉，间嵌蓝色松石。在此选鱼、瓶、花、盖四件。

八宝是藏传佛教中象征吉祥的器物，通常做为法器陈设于佛堂。此套掐丝珐琅八宝造型优雅，工艺精细，釉色纯正，是乾隆时期的礼佛用品。

140

掐丝珐琅坛城
清乾隆
高52厘米 直径76厘米
清宫旧藏

Cloisonné enamel mandala
Qianlong period, Qing Dynasty
Height: 52cm Diameter: 76cm
Qing Court collection

坛城局部施掐丝填彩色珐琅釉，底座呈圆圜形，外墙饰缠枝花纹，上饰红、黄、蓝、绿、紫五色缠枝莲纹，座内凸起红、蓝、黄、紫、黑五色火焰纹，内环铜镀金金刚杵，每层都象征不同的护法境界。圆形平台上耸立四方城台，台上置宫殿，四面各开一门，门分施黄、红、蓝、白不同的釉色，各门阶梯正中各置一与门同色的金刚杵。宫殿为藏式平顶建筑，上有金顶，四周陈设护法神像和法器，殿内是释迦牟尼说法像。

坛城为密教建筑，梵语为"曼陀罗"，内供奉密教诸佛、菩萨，修持密法作礼仪之用。此坛城制造工艺精巧，气势恢宏，色彩鲜明，为乾隆时期金属工艺和珐琅工艺相结合的精品。

141

掐丝珐琅宝相花纹金佛喇嘛塔
清乾隆
高231厘米　座长94厘米
清宫旧藏

Cloisonné enamel Lama pagoda with rosettes design and a niche for a gold statue of Buddha
Qianlong period, Qing Dynasty
Height: 231cm　Length of base: 94cm
Qing Court collection

塔覆钵式，塔身施黄色珐琅釉为地，填彩釉宝相花纹及梵文；塔前设一佛龛，内置金佛。塔刹十三级，顶设华盖、天地盘，上托日、月、宝珠。须弥座四面有二开光，内饰狮子流云，开光之间饰十字金刚杵。座上横眉上方框内填宝蓝色釉地，镌阳文"大清乾隆甲午年敬造"九字楷书款。塔底置紫檀木雕莲瓣纹托泥。

此塔造于乾隆甲午年（1774），一批共造六座，尺寸相当，惟塔型、釉色和花纹各自不同，富于变化。完工后陈设于皇家供佛之所梵华楼内，气势宏伟壮观，至今保存完好。此塔制造之用工用料均有明确记载，据统计，约折合白银六十八万九千三百余两。八年后，于乾隆壬寅年（1782），按此六塔之规格样式，再次烧造珐琅塔六座，陈设于皇家另一处佛堂宝相楼内。两批珐琅喇嘛塔充分展现出乾隆时期掐丝珐琅工艺的辉煌成就。

掐丝珐琅缠枝莲纹喇嘛塔
清乾隆
高46.5厘米　座边长19厘米　足径23厘米
清宫旧藏

Cloisonné enamel Lama pagoda with design of interlocking lotus
Qianlong period, Qing Dynasty
Height: 46.5cm　Length of base brim: 19cm
Diameter of foot: 23cm
Qing Court collection

塔为覆钵式，塔身施天蓝色珐琅釉为地，饰八朵绿色缠枝莲花，肩部饰錾铜镀金兽面，口衔璎珞，前部有一福寿纹佛龛。塔刹为宝蓝色，下丰上敛，共十三级，象征佛教十三重天；华盖周边有蓝色梵文咒语，其上为日月同辉顶。须弥座式塔基，饰莲瓣及"卍"字花纹，座上有铜镀金围栏。底部有四个铜镀金力士为负重足。

此塔用锤鍱、焊接、錾刻、掐丝、填彩等多种工艺制作而成，色彩绚丽，工艺复杂，制作精细。

143

掐丝珐琅兽面纹三环凤尾尊
清中期
高43厘米　口径21.8厘米
清宫旧藏

Cloisonné enamel Zun with three rings decorated with animal mask motif
Middle Qing Dynasty
Height: 43cm　Diameter of mouth: 21.8cm
Qing Court collection

尊广口，长颈，圆腹，高足，颈嵌铜镀金双立凤，肩部饰三兽首衔活环，足下承三瑞兽。通体施浅蓝色珐琅釉为地，口内饰缠枝莲纹，外壁主体纹饰为掐丝填彩釉兽面蕉叶纹和兽面纹，间饰螭纹、蝙蝠纹。底镀金，光素无款。

此器铜胎规矩，掐丝细腻，釉色纯正，鎏金灿烂，富丽堂皇，是乾隆后期杰出的掐丝珐琅作品。

144 掐丝珐琅团花纹梅瓶
清中期
高33厘米　口径5.7厘米　底径10.5厘米
清宫旧藏

Cloisonné enamel plum vase with medallion design
Middle Qing Dynasty
Height: 33cm　Diameter of mouth: 5.7cm
Diameter of bottom: 10.5cm
Qing Court collection

瓶小口，丰肩，腹下渐敛。通体施浅蓝色珐琅釉为地，饰掐丝填釉五彩团花纹，口沿下饰绿色蕉叶纹一周，近足处饰墨绿色变形叶纹。底镀金，光素无款。

此器花纹釉色丰富艳丽，共使用红、白、黄、宝蓝、绿、藕荷等十三色之多，体现了清中期珐琅器的特点。以各式团花作为图案的主体装饰，亦显新颖。

145

掐丝珐琅山水图琮式瓶
清中期
高31.8厘米　口径9.5厘米
足径12.6厘米
清宫旧藏

Cloisonné enamel Cong-shaped vase decorated with design of figures and landscape
Middle Qing Dynasty
Height: 31.8cm
Diameter of mouth: 9.5cm
Diameter of foot: 12.6cm
Qing Court collection

瓶呈琮式，圆口，长方腹，圈足。通体施浅蓝色珐琅釉为地，口沿及足墙均饰勾莲纹，腹部掐丝填彩釉作山水图景，表现不同地域的秀丽景色。底镀金，光素无款。

用掐丝珐琅工艺表现山水人物难度很大，此器工细如画，青山白云，桃红柳绿，楼台殿阁，错落其间，景致之美，令人赞叹，充分显示出清代中期掐丝珐琅工艺所达到的高度。

146

掐丝珐琅云龙纹天球瓶
清中期
高41.9厘米　口径8.7厘米　足径10.8厘米
清宫旧藏

Cloisonné enamel globular vase with dragon and cloud design
Middle Qing Dynasty
Height: 41.9cm　Diameter of mouth: 8.7cm
Diameter of foot: 10.8cm
Qing Court collection

瓶唇口，长直颈，球形腹，圈足。通体施蓝白色珐琅釉为地，上部饰滚滚云雾，下部为滔滔海水，水中江崖耸立，一红色巨龙腾云驾雾追逐火焰宝珠，气势威武，景象壮观。底镀金，光素无款。

此器造型及纹饰均仿自明代青花瓷，但其纹饰却明显具有清代特点。

147

掐丝珐琅兽面纹提梁卣
清中期
通高32厘米　口径11/8.7厘米
清宫旧藏

Cloisonné enamel You (tankard) with loop handle decorated with animal mask motif
Middle Qing Dynasty
Overall height: 32cm　Diameter of mouth: 11 / 8.7cm
Qing Court collection

卣扁圆腹，方梁，有盖。器、盖各作鱼背鳍式出戟。通体施深绿色珐琅釉为地，腹部掐丝作回纹锦地饰兽面纹；盖、提梁及足墙均饰兽面纹，提梁两端作兽首镀金。

卣为商代盛酒器。此卣造型仿古青铜器，制作精美，工艺精细，无论掐丝、釉色还是磨工、镀金等，都反映出清中期珐琅工艺水平之精湛。

148

掐丝珐琅兽面纹钟
清中期
高33.5厘米
清宫旧藏

Cloisonné enamel bell with animal mask motif
Middle Qing Dynasty
Height: 33.5cm
Qing Court collection

钟上为柱形甬，甬两侧为镀金兽面纹，系黄丝穗，并缀白玉环，钟身两侧各饰铜镀金乳钉十八枚。钟体饰掐丝填蓝、绿色釉兽面纹及斜角雷纹。

此钟造型仿古青铜乐器，掐丝工整，填釉饱满，釉色温润纯正，从其工艺的精湛程度看，应是乾隆时期的掐丝珐琅仿古乐器的精品。

149

掐丝珐琅勾莲纹团寿字熏炉
清中期
通高91厘米　口径32厘米
清宫旧藏

Cloisonné enamel censer decorated with design of delineated lotus and medallions of characters "Shou" (longevity)
Middle Qing Dynasty
Overall height: 91cm　Diameter of mouth: 32cm
Qing Court collection

熏炉方形，扳沿口，口上设铜镀金二层罩，盖隆起，盖顶饰铜镀金花形钮，底置铜镀金兽首吞足式四足。盖饰铜镀金镂雕云纹，云纹间作如意式开光，开光内填掐丝珐琅釉勾莲纹；罩上、下层均镂雕祥云蝙蝠捧团"寿"字纹，周边饰珐琅釉回纹。器身及足施浅蓝色珐琅釉地，上饰深蓝、粉红、绿、白、黄等彩釉勾莲纹。

炉通常置于宫殿内用作烧炭取暖或点燃檀香。此器形体高大，稳重端庄，视其风格及釉色特点，为广东地方制造。

150

掐丝珐琅花卉纹螭耳炉
清中期
高41厘米　口径15.7厘米
清宫旧藏

Cloisonné enamel censer with hydra-shaped ears decorated with interlocking lotus design
Middle Qing Dynasty
Height: 41cm　Diameter of mouth: 15.7cm
Qing Court collection

炉为鼎式，两侧嵌饰铜镀金双螭耳，盖顶有宝珠钮，底承三铜镀金摩羯足。通体施浅蓝色珐琅釉为地，饰彩釉缠枝莲纹。盖面嵌铜镀金片花瓣式开光，内錾海棠、桂花、茶花等花卉纹；炉腹亦嵌铜镀金片开光，分别錾牡丹、石榴、菊花、佛手、秋葵、梅花等花卉纹。

此炉整体造型大方美观，采取掐丝珐琅与錾花相结合的工艺，表现出乾隆时期掐丝珐琅器物已向多种技法发展的倾向。

151 掐丝珐琅海晏河清烛台
清中期
高24.5厘米 盘径12厘米
清宫旧藏

Cloisonné enamel candlestick decorated with petrel and seawater pattern (symbolizing the peace reigns under heaven)
Middle Qing Dynasty
Height: 24.5cm
Diameter of the candle-basin: 12cm
Qing Court collection

烛台铜胎镀金，基座为一圆盘，盘内錾一龟及二蛇盘绕，龟背施蓝色釉，蛇身施红色釉；龟、蛇背上立一展翅海燕，燕身为白色釉，以掐丝作羽纹，头顶一烛扦。盘外壁蓝色珐琅釉地上饰莲瓣纹，盘内壁作海水江崖纹，下承三云纹扁足。

中国古代有"海不扬波，知中国有圣人"及"圣人出则黄河清"之说，因此"海晏河清"寓意"天下太平"。

152

掐丝珐琅蝙蝠花卉纹方凳
清中期
高52厘米　边长50厘米
清宫旧藏

Cloisonné enamel square stool decorated with bat and floral design
Middle Qing Dynasty
Height: 52cm   Length: 50cm
Qing Court collection

凳方形面，裙边作镂空花边，四直腿。通体施浅蓝色珐琅釉为地，用蓝、绿、粉、红、黄、豆绿等色釉填饰出花纹。凳面开光内饰各色蝙蝠、花卉纹；开光外及裙边、四腿均饰各色花卉纹。

此凳纹饰流畅，釉色艳丽明快，有光泽，具清中期掐丝珐琅的特点。

153 錾胎珐琅蟠螭纹碗
清中期
高5.5厘米　口径12.9厘米　底径7.7厘米
清宫旧藏

Champleve enamel bowl with interlaced hydra design
Middle Qing Dynasty
Height: 5.5cm   Diameter of mouth: 12.9cm
Diameter of bottom: 7.7cm
Qing Court collection

碗铜胎镀金，敞口，圈足。胎上錾出花纹轮廓，填饰湖蓝色珐琅釉为地，外壁满饰红、蓝色相间的八条蟠螭纹，足墙饰回纹。

錾胎珐琅是以铜胎錾出隐起花线，填珐琅釉后经焙烧，磨平，镀金而成。此碗胎厚，纹饰规整，富有装饰意趣，是广州錾胎珐琅的代表作之一。

掐丝珐琅寿字纹碗
清嘉庆
高5.8厘米　口径9.9厘米　足径4.8厘米
清宫旧藏

Cloisonné enamel bowl with design of characters "Shou" (longevity)
Jiaqing Period, Qing Dynasty
Height: 5.8cm　Diameter of mouth: 9.9cm
Diameter of foot: 4.8cm
Qing Court collection

碗铜胎镀金，直口，圈足。外壁施宝蓝色珐琅釉为地，上饰篆书"寿"字两周，共四十字。口沿下及近足处各饰錾花"卍"字纹一周。底錾阴文"大清嘉庆年制"六字隶书款。

此类碗为宫廷寿宴用器，在清宫中遗存较多，但嘉庆年制的珐琅器遗存数量不多。

155 掐丝珐琅寿字盘
清嘉庆
高5.1厘米　口径17厘米　足径10厘米
清宫旧藏

Cloisonné enamel plate with design of characters "Shou" (longevity)
Jiaqing Period, Qing Dynasty
Height: 5.1cm　Diameter of mouth: 17cm
Diameter of foot: 10cm
Qing Court collection

盘铜胎镀金，敞口，圈足。外壁施宝蓝色珐琅釉为地，掐丝做各种篆书"寿"字一周，共二十五字。口沿下及近足处饰錾花"卍"字纹各一周。底錾阴文"大清嘉庆年制"六字隶书款。

此类盘为宫廷寿宴用器，在清宫中遗存数量较多，但其中刻有嘉庆款的较罕见。

156 掐丝珐琅番莲纹执壶
清同治
通高26.5厘米　口径6.1厘米　足径9.2厘米
清宫旧藏

Cloisonné enamel ewer decorated with passionflower design
Tongzhi Period, Qing Dynasty
Overall height: 26.5cm　Diameter of mouth: 6.1cm
Diameter of foot: 9.2cm
Qing Court collection

执壶铜胎镀金，束颈，垂腹，兽首曲流，如意柄，圈足，盖圆钮，有铜镀金链与柄相连。通体显露铜镀金素地，纹饰施用红、天蓝、海蓝、宝蓝、白、绿、粉、黄等色珐琅釉。盖饰掐丝珐琅云鸟纹，颈部饰俯仰蕉叶纹，腹部两面各凸起一桃形开光，内饰番莲纹，足墙饰海水江崖纹。底双方框内錾阴文"同治年制"四字楷书款。

此执壶仅局部施珐琅釉装饰，风格颇为独特。

157 掐丝珐琅年年益寿盖碗

清同治
高12.2厘米　口径14.5厘米　足径5.2厘米
清宫旧藏

Cloisonné enamel covered bowl with characters "Nian",
"Nian", "Yi" and "Shou"
Tongzhi Period, Qing Dynasty
Height: 12.2cm　Diameter of mouth: 14.5cm
Diameter of foot: 5.2cm
Qing Court collection

碗铜胎镀金，敞口，有盖，圈足。通体施淡黄色珐琅釉为地，饰以掐丝填浅绿、紫红、灰、白、浅蓝等色缠枝莲纹。外壁饰盛开的番莲花十二朵，盖上饰四朵，盖上花间有四个圆形开光，内填蓝釉錾镀金"年"、"年"、"益"、"寿"四字，其中"年年"二字为楷书，"益寿"二字为篆书。底錾阴文"同治年制"四字楷书款。

此碗造型工整，镀金灿烂，为造办处珐琅作造。同治年款的作品保存极少，从此碗中可见这一时期珐琅器制作的风格特点。

158

掐丝珐琅牺尊
清同治
高30.5厘米　长25厘米
清宫旧藏

Cloisonné enamel ox-shaped Zun
Tongzhi Period, Qing Dynasty
Height: 30.5cm　Length: 25cm
Qing Court collection

尊铜胎镀金，造型为异兽驮宝尊。兽身施天青色珐琅釉为地，掐丝饰勾云纹；背上鞍鞯以天蓝色釉为地，中间饰一条黄龙在海水中嬉戏。鞍鞯上有莲花座，座上置出戟尊。尊饰铜镀金蕉叶纹及回纹，口内外饰勾莲纹，腹饰兽面纹。异兽颈下铜镀金方框上，錾阴文横书"大清同治年制"六字楷书款。

同治年制造的掐丝珐琅器遗存不多，此尊可作为识别时代特点的标准器之一。

159 掐丝珐琅系铃狮子香熏
清晚期
高40.5厘米　长50厘米
清宫旧藏

Cloisonné enamel lion-shaped censer
Late Qing Dynasty
Height: 40.5cm　Length: 50cm
Qing Court collection

狮子铜胎镀金，立式，昂首张口作吼叫状，扬尾呈灵芝形。通体掐丝作绒毛纹，填深蓝色珐琅釉为地，以黄、红、绿色釉点缀其间。颈部原系有铜镀金铃铛及紫红色垂缨，背部施绿色釉，两侧镶铜镀金火焰纹。

狮子造型源自佛教，本是威猛的象征，传入中国后，转化成温顺、驯服的形象。此器釉色浑厚谐调，镀金厚实凝重。

160 掐丝珐琅麒麟香熏
清晚期
高41.3厘米　长49.5厘米
清宫旧藏

Cloisonné enamel unicorn-shaped censer
Late Qing Dynasty
Height: 41.3cm　Length: 49.5cm
Qing Court collection

熏铜胎镀金，立式麒麟形，昂首翘尾，张口，可出香气，背有圆盖，可放入檀香。通体掐丝作鳞纹，填海蓝色珐琅釉为地，以宝蓝色釉点缀，绿鬃黄眉，腿上有红色火焰纹。

麒麟是传说中的瑞兽，为吉祥的象征，多比喻聪颖俊秀的儿童。此麒麟为摆设在宫室内的熏香工具。

161

掐丝珐琅镂空云龙纹转心瓶
清晚期
高34厘米 口径9.8厘米 足径10.4厘米
清宫旧藏

Cloisonné enamel vase with a movable core in openwork decorated with dragon and cloud design
Late Qing Dynasty
Height: 34cm   Diameter of mouth: 9.8cm
Diameter of foot: 10.4cm
Qing Court collection

瓶撇口，圆腹，颈、足与瓶内胆相连接，外腹可转动。通体施浅蓝色珐琅釉为地，口沿下及颈下部饰如意云头、蕉叶纹；颈、腹部饰各色缠枝莲纹，腹部作四个圆形开光，嵌铜镀金镂空寿山福海云龙戏珠纹。近足处饰莲瓣纹。底镀金，光素无款。

清代晚期，内廷珐琅作已是名存实亡，基本处于停产状态，但宫廷以外作出口商品的商营作坊的掐丝珐琅器生产方兴未艾。这一时期掐丝珐琅器主要以乾隆时期的器物为蓝本，做工较细，釉面光滑，打磨技术较高，但总体与乾隆时期掐丝珐琅器庄重沉稳，工整细腻，镀金厚重的装饰风格已不能相比。此时期的珐琅器匠气较浓，胎体轻薄，釉色飘浮，装饰浮华，缺少艺术观赏性。

162

掐丝珐琅九桃纹天球瓶
清晚期
高55.7厘米　口径13厘米　足径20厘米
清宫旧藏

Cloisonné enamel globular vase decorated with design of nine peaches
Late Qing Dynasty
Height: 55.7cm　Diameter of mouth: 13cm
Diameter of foot: 20cm
Qing Court collection

瓶直口，长直颈，球形腹，口、足镀金。通体施黄色珐琅釉，上饰掐丝"卍"字纹锦地，锦地上饰彩色整株桃树，枝繁叶茂，结有九个肥硕的粉色桃实。

此瓶胎和掐丝的制作精致，镀金光亮，釉料饱满，色彩丰富，具有清晚期掐丝珐琅工艺的典型风格。

163

掐丝珐琅缠枝牡丹纹藏草瓶
清晚期
高22.8厘米　口径7.5厘米　足径7.9厘米
清宫旧藏

Cloisonné enamel vase for holy herbs decorated with interlocking peony design
Late Qing Dynasty
Height: 22.8cm　Diameter of mouth: 7.5cm
Diameter of foot: 7.9cm
Qing Court collection

瓶铜胎镀金，盘口，直颈，鼓腹下敛，底内凹。颈部凸起卷草纹一周，肩上盘有蟠龙两条。盘口及颈部施蓝色珐琅釉为地，饰朵云纹及勾莲纹。其余通体以黄色珐琅釉为地，饰彩色缠枝双犄牡丹花四朵，间饰红蝙蝠。

此瓶造型源自藏传佛教供器，形体端庄，纹饰富丽，色彩鲜明，金光灿烂，寓意"洪福富贵，连绵不断"，是清晚期掐丝珐琅器中的佼佼者。

164

掐丝珐琅菊石花卉纹梅瓶
清晚期
高32厘米　口径5.7厘米　足径8.9厘米
清宫旧藏

Cloisonné enamel plum vase with design of chrysanthemum and rocks
Late Qing Dynasty
Height: 32cm   Diameter of mouth: 5.7cm
Diameter of foot: 8.9cm
Qing Court collection

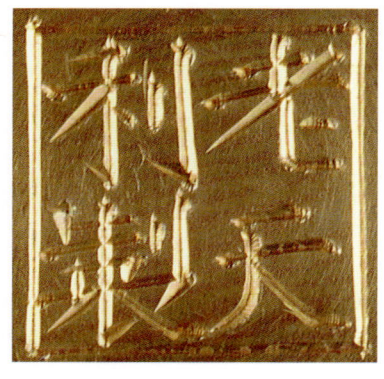

瓶小口，丰肩，长腹下敛，口足镀金。通体施黄色珐琅釉为地，颈饰红色勾莲纹及蕉叶纹，肩部宝蓝色釉地饰缠枝莲纹，腹为掐丝"卍"字纹锦地，上饰洞石园地，以及盛开的菊花、春兰等四季花卉，近足处饰莲瓣纹。底方框内錾阴文"老天利制"四字楷书款。

此瓶釉色多达十几种，且色彩鲜艳，釉料填充饱满，但掐丝较粗，反映了晚清时期掐丝珐琅工艺的特点。"老天利"为清晚期北京地区私营烧造和销售掐丝珐琅器的商号。

165

掐丝珐琅蕉叶兽面纹瓶
清晚期
高29.3厘米　口径8.1厘米　足径10.2厘米
清宫旧藏

Cloisonné enamel vase with design of banana-leave and animal mask
Late Qing Dynasty
Height: 29.3cm　Diameter of mouth: 8.1cm
Diameter of foot: 10.2cm
Qing Court collection

瓶铜胎镀金，小口，丰肩，腹下敛，圈足。通体掐丝珐琅宝蓝色釉回纹锦地，颈、肩、近足处饰彩色釉兽面纹六组，腹饰蕉叶纹，叶面上饰变形兽面纹。底錾阴文"静远堂制"四字楷书款。

此瓶为仿古青铜器纹饰，工艺技术较高，打磨精细，砂眼很少，釉质较薄，反映了清晚期珐琅器出现的短暂的繁荣景象。"静远堂"为清朝末年与民国初年北京地区私营烧造珐琅器的商号，其传世作品不多，此为其代表作品之一。

166

掐丝珐琅龙凤纹瓜棱瓶
清晚期
高32.5厘米　口径11厘米　足径12厘米
清宫旧藏

Cloisonné enamel melon-shaped vase with phoenix and dragon design
Late Qing Dynasty
Height: 32.5cm　Diameter of mouth: 11cm
Diameter of foot: 12cm
Qing Court collection

瓶铜胎镀金，六瓣瓜棱式，长颈，垂腹，圈足外展。通体施浅黄色珐琅釉为地，颈、肩饰彩色勾莲纹、寿桃和牡丹纹；腹部六个开光内以掐丝云纹为地，上饰龙戏珠纹及凤戏牡丹纹，其下衬海水、山石。底阴刻五星"生"字商标，并錾阴文"北京宝华生记"六字楷书款。

此瓶纹饰规整，色彩鲜艳，釉色达十几种之多。"宝华生"为清晚期北京地区私营珐琅器的商号。

167

掐丝珐琅福寿瓜棱直颈瓶
清晚期
高29.3厘米　口径5.7厘米　足径10.3厘米
清宫旧藏

Cloisonné enamel long-necked vase in the shape of melon
Late Qing Dynasty
Height: 29.3cm　Diameter of mouth: 5.7cm
Diameter of foot: 10.3cm
Qing Court collection

瓶铜胎镀金，瓜棱式，长直颈，鼓腹，圈足。通体施天蓝色珐琅釉为地，颈饰彩色勾莲纹，宝蓝色"卍"字纹和"寿"字之间有红蝙蝠，寓意"福寿连绵"；腹部"卍"字纹锦地上饰彩色釉花蝶纹。底镀金，中心两小方框内镌阳文"德"、"成"楷书款。

此瓶施釉色达十种之多，色彩绚丽，做工较精细。"德成"为清晚期北京地区私营烧造和销售珐琅器的商号。

168

银胎掐丝珐琅蕉叶纹兽耳瓶
清晚期
高17.8厘米 口径7.2厘米 足径7.3厘米
清宫旧藏

Cloisonné enamel silver-bodied vase with animal-shaped ears decorated with banana-leaf design
Late Qing Dynasty
Height: 17.8cm Diameter of mouth: 7.2cm
Diameter of foot: 7.3cm
Qing Court collection

瓶银胎，广口，垂腹，圈足，双兽耳。颈施白色珐琅釉为地，饰蓝色釉蕉叶纹，耳下环周八出戟；腹施绿色釉地，蕉叶纹内饰兽面纹，足墙饰蟠夔纹。底方框内镌阳文"印铸局勋章制造所制"九字隶书款。

此瓶造型仿古青铜器式样，"印铸局勋章制造所"是清末设立的官营机构，从此件制品看，其技术水平较为一般。

169

掐丝珐琅葫芦纹锦袱童子耳炉
清晚期
通高32.2厘米 口径13.8厘米 底径12.5厘米

Cloisonné enamel incense burner with boy-shaped ears decorated with calabash and brocade bundle design
Late Qing Dynasty
Overall height: 32.2cm   Diameter of mouth: 13.8cm
Diameter of Bottom: 12.5cm

炉铜胎镀金，通身共有六个镀金童子，其中一个在顶部为盖钮，两个在肩部为双耳，三个在炉底为负重三足。通体施天蓝色珐琅釉为地，饰彩色缠枝葫芦纹。炉口边饰回纹，腹部凸起粉色绶带两结，盖上如意云头纹外镂空饰铜镀金云蝠纹。底錾阴文"德兴成"三字楷书款。

葫芦纹寓意"子孙万代，延绵不断"。此炉造型别具一格，炉体敦实厚重，金碧辉煌。"德兴成"为清晚期北京地区私营烧造和销售掐丝珐琅器的商号。

170

掐丝珐琅卷书锦袱式笔筒
清晚期
高9.5厘米　口径8.5厘米　足径6.7厘米

Cloisonné enamel brush holder in the shape of scrolled book with brocade bundle decor
Late Qing Dynasty
Height: 9.5cm　Diameter of mouth: 8.5cm
Diameter of foot: 6.7cm

笔筒铜胎镀金，卷书锦袱式，五垂云足。通体施天蓝色珐琅釉为地，饰掐丝牡丹、竹、山石、菊花、鸣禽等纹饰。腰际束以凸起宝蓝色云纹锦袱，下呈缠枝莲纹垂云座。书卷首置签条式红釉地掐丝填黑釉"志远堂"三字楷书款。

此笔筒造型别致，小巧玲珑，釉色鲜亮，共施用十三种釉色，绚丽夺目，是清末掐丝珐琅器中的精品。"志远堂"为清晚期北京地区私营掐丝珐琅器的商号。

画珐琅

Painted Enamel Ware

171

画珐琅仙人骑狮图梅瓶
清早期
高21.8厘米　口径3.5厘米　足径7.9厘米
清宫旧藏

Painted enamel plum vase with design of immortal riding on a lion
Early Qing Dynasty
Height: 21.8cm　Diameter of mouth: 3.5cm
Diameter of foot: 7.9cm
Qing Court collection

瓶小口，短颈，丰肩，长腹下敛，平底。通体以灰白色珐琅釉为地，用黄、绿、蓝、赭、紫等色珐琅釉绘仙人故事图。画面中松柏参天，白云缭绕，一老者骑狮捧桃疾行，一童子高挑长幡紧随其后，云端一仙人乘蝙蝠飞临，组成一幅"天赐福寿"的吉祥图案。

此瓶珐琅釉料施用浓厚，略显凸凹不平，色彩灰暗，缺乏光泽，画面用笔豪放洒脱。视其艺术风格及釉料烧制特点，当为中国迄今所见画珐琅器物中时代最早的一件，是研究中国画珐琅工艺的珍贵实物资料。

172
画珐琅玉堂富贵图直颈瓶
清康熙
高18厘米　口径3厘米　足径6厘米
清宫旧藏

Painted enamel long-necked vase decorated with begonia, peony and magnolia design
Kangxi period, Qing Dynasty
Height: 18cm　Diameter of mouth: 3cm
Diameter of foot: 6cm
Qing Court collection

瓶长直颈，鼓腹，圈足。通体施黄色珐琅釉为地，上用粉红、紫红、宝蓝、淡绿等色釉描绘写生花卉，有玉兰、海棠、牡丹。底白釉，宝蓝色双方框内署"康熙御制"四字楷书款。

此瓶珐琅釉厚，画艺高超，图案精美，寓意"玉堂富贵"。

173

画珐琅牡丹纹小瓶
清康熙
高13.5厘米　口径4厘米　足径4.2厘米
清宫旧藏

Small painted enamel vase with peony design
Kangxi period, Qing Dynasty
Height: 13.5cm　Diameter of mouth: 4cm
Diameter of foot: 4.2cm
Qing Court collection

瓶敞口，束颈，垂腹，口沿与足边镀金。通体以浅蓝色珐琅釉为地，饰彩色勾莲纹，腹部葫芦形开光内，黄釉地上分别绘蓝、绿、红折枝牡丹各一朵；近足处亦饰开光黄釉地绘彩色牡丹纹；瓶内里为浅蓝釉。底白釉，蓝色方框内署"康熙御制"四字楷书款。

此瓶图案工整简洁，设色艳丽，色彩达十几种之多，为康熙年间画珐琅器中的精品。造办处造。

174

画珐琅桃蝠纹小瓶
清康熙
高13.6厘米　口径4.1厘米　足径4.1厘米
清宫旧藏

Small painted enamel vase with bat and peach design
Kangxi period, Qing Dynasty
Height: 13.6cm   Diameter of mouth: 4.1cm
Diameter of foot: 4.1cm
Qing Court collection

瓶敞口，束颈，垂腹，圈足。口沿、足边镀金。通体以白色珐琅釉为地，绘结满硕果的桃树及红蝙蝠、山石、翠竹、行云流水。底白釉，宝蓝色双方框内署"康熙御制"四字楷书款。

此瓶是康熙年间画珐琅的佳作，所绘古树枝干伸展，果实润泽，画面清新自然，用笔洒脱，与康熙晚期以后图案布局繁密的风格稍有差异。纹饰寓意吉祥，含有"福寿如海"之意。

175

画珐琅山水图乳足炉
清康熙
高4.1厘米　口径6.4厘米　足距5厘米
清宫旧藏

Painted enamel incense burner with breast-shaped feet decorated with landscape design
Kangxi period, Qing Dynasty
Height: 4.1cm   Diameter of mouth: 6.4cm
Space between feet: 5cm
Qing Court collection

炉鼓腹，双立耳，下承三乳足。通体施黄色珐琅釉为地，用蓝、绿、赭、白、黑等色釉绘山水图景，远处青山起伏，近处水面开阔，柴门茅屋在垂柳杂树掩映之中，高士闲坐垂钓。底署蓝釉"康熙御制"四字篆书款。

此器仿明代宣德炉之器型，小巧但胎体厚重。所施珐琅釉料堆积浓厚，釉色无光，浑浊失透，所绘纹饰亦不精，反映出康熙早期画珐琅试烧阶段技术不成熟的特点。造办处造。

176

画珐琅仿古铜釉长方炉
清康熙
高6.6厘米　长8.5厘米　宽6.6厘米
清宫旧藏

Painted enamel rectangular incense burner in brown glaze after an ancient bronze
Kangxi period, Qing Dynasty
Height: 6.6cm　length: 8.5cm　Width: 6.6cm
Qing Court collection

炉长方形，直口，垂腹，双夔耳，椭圆形圈足。通体施褐黄色珐琅釉，光素无纹。底描金署"康熙御制"四字楷书款。

此炉造型、釉色均仿古铜器之效果，炉的表面形成片状或泪痕状斑痕，有的泛出铜绿色，有的泛出黄色，显出古老的风韵，这种仿古铜器的画珐琅器在故宫藏品中唯此一件。

177

画珐琅缠枝牡丹纹碗
清康熙
高8厘米　口径15厘米
足径6.2厘米

Painted enamel bowl with interlocking peony design
Kangxi period, Qing Dynasty
Height: 8cm
Diameter of mouth: 15cm
Diameter of foot: 6.2cm

碗直口，圈足。外壁施浅灰色珐琅釉为地，饰缠枝牡丹纹，有红、绿、藕荷、棕色四朵富丽的牡丹花，其间点缀数朵各色小花。内壁施蓝色釉。底白釉，宝蓝色双方框内署"康熙御制"四字楷书款。

此碗花朵硕大而饱满，花叶舒卷自如，形成晕染效果，展示了宫廷工匠娴熟的绘画技艺。

178

画珐琅莲花式碗
清康熙
通高10厘米　口径11厘米　足径9.1厘米
清宫旧藏

Painted enamel bowl in the shape of lotus-petal
Kangxi period, Qing Dynasty
Overall height: 10cm　Diameter of mouth: 11cm
Diameter of foot: 9.1cm
Qing Court collection

碗直口，圈足，有座。在碗、座的铜胎上锤鍱出凸起的莲瓣纹，外壁施以粉红色珐琅釉。碗腹部莲瓣纹共三周，花瓣朝上；座上莲瓣纹俯仰相对。碗、座底白釉，蓝、红色双方框内署"康熙御制"四字楷书款。

此碗造型源于佛教中常用的莲花，全器上下和谐一致，釉色艳丽夺目，宛如盛开的莲花。

画珐琅荷花式盖碗
清康熙
通高9.7厘米　口径10.6厘米　足径4.8厘米
清宫旧藏

Painted enamel covered bowl in the shape of lotus-petal
Kangxi period, Qing Dynasty
Overall height: 9.7cm　Diameter of mouth: 10.6cm
Diameter of foot: 4.8cm
Qing Court collection

盖碗荷花式，圈足，铜镀金盖钮。外壁饰三层凸起莲瓣纹，中层每个花瓣均作开光，内施黄色珐琅釉地，用红、白、浅绿、蓝等色绘饰牡丹、山茶、罂粟、佛手、荷花、梅花、兰草、菊花等花卉；盖饰荷叶，黄色莲瓣式开光内绘菊花。底白釉，红色双方框内署"康熙御制"四字楷书款。

盖碗器型规矩，珐琅釉料色彩艳丽，表面平滑光洁，是康熙晚期技艺成熟的画珐琅器之一。

180

画珐琅折枝花卉纹盖碗
清康熙
高11.4厘米　口径11.9厘米　足径5厘米
清宫旧藏

Painted enamel covered bowl decorated with plucked floral design
Kangxi period, Qing Dynasty
Height: 11.4cm　Diameter of mouth: 11.9cm
Diameter of foot: 5cm
Qing Court collection

碗直口，圈足，盖有镀金圆钮。通体施黄色珐琅釉为地，腹部饰四季折枝花卉，有牡丹、菊花、荷花、茶花。底已被腐蚀，署暗红色"康熙御制"四字楷书款。

此碗珐琅釉色彩不纯正，留有画珐琅初制时期的痕迹，为研究早期画珐琅的制作工艺提供了有价值的实物。

181

画珐琅番莲双蝶纹花口盘
清康熙
高3.5厘米　口径15.4厘米　足径9.4厘米
清宫旧藏

Painted enamel petal-shaped plate decorated with design of passionflowers and double buttleflies
Kangxi period, Qing Dynasty
Height: 3.5cm　Diameter of mouth: 15.4cm
Diameter of foot: 9.4cm
Qing Court collection

盘为菱花式，有十六瓣，平底。盘内心施黄色珐琅釉地，饰翩翩起舞的双蝶，组成"喜相逢"的吉祥图案；内壁施天蓝色、外壁施黄色珐琅釉，饰折枝番莲纹。底白釉，蓝色双方框内署"康熙御制"四字楷书款。

此盘纹饰描绘工致，用白色勾出花的轮廓，黑色描绘叶筋，增加装饰性。珐琅釉色丰富，有十种颜色之多，是康熙时期的传世佳作。

182

画珐琅团花牡丹纹花口盘
清康熙
高2.3厘米　口径16.8厘米　足径8.3厘米
清宫旧藏

Painted enamel petal-shaped plate with design of peony and floral medallion
Kangxi period, Qing Dynasty
Height: 2.3cm　Diameter of mouth: 16.8cm
Diameter of foot: 8.3cm
Qing Court collection

盘为菱花式，共七瓣，随形圈足。盘心施天蓝色珐琅釉为地，描绘一朵娇艳的红色牡丹花，环以七朵彩色小花，显得春意盎然；内外壁均为黄色釉地，内壁饰并蒂莲，外壁饰忍冬纹。底白釉，蓝色双圈内署"康熙御制"四字楷书款。

此盘所施珐琅釉厚，盘表面有一层玻璃质光泽，所绘纹饰由红、黄、白、绿、黑等十二色组成，釉色丰富，色彩鲜艳，描绘精细，堪称康熙画珐琅之代表作。

183

画珐琅勾莲纹瓜棱盒
清康熙
高3.57厘米　口径11/8.6厘米

Painted enamel melon-shaped box
with delineated lotus design
Kangxi period, Qing Dynasty
Height: 3.57cm
Diameter of mouth: 11 / 8.6cm

盒盖与盒体分别锤作八瓣瓜棱式，口沿镀金。外壁施灰白色珐琅釉为地，用黄、红、草绿、浅蓝等色绘八朵盛开的莲花；盒内施浅蓝色珐琅釉；盖中心饰如意纹。底黄釉，上绘莲花纹，蓝色双方框内署"康熙御制"四字楷书款。

此盒胎体成型规整，釉料质地温润，图案绘饰采用晕染技法，但珐琅釉料颜色尚不够纯正，且颜色也不甚丰富，是康熙年间画珐琅工艺逐渐走向成熟期的作品。

184

画珐琅缠枝莲纹葵瓣式盒
清康熙
高3.17厘米　口径6厘米　底径6.5厘米

Painted enamel sunflower-petal-shaped box with design of interlocking sprays of lotus
Kangxi period, Qing Dynasty
Height: 3.17cm　Diameter of mouth: 6cm
Diameter of bottom: 6.5cm

盒作葵花瓣形，直壁，平顶。通体施白色珐琅釉为地，盖面中心饰盛开的红色莲花，绿色花蕊，环周饰黄、赭、紫、绿、浅蓝等五色缠枝莲及绿叶；盖壁与盒壁均绘红色折枝牡丹。底白釉，蓝色双圈内署"康熙御制"四字楷书款。

此盒胎壁较厚重。以白色珐琅釉为地绘饰花纹，图案更见鲜明，这种处理色彩的方法是康熙时期画珐琅工艺的一个特点。

185

画珐琅牡丹纹海棠式花篮
清康熙
通高13.5厘米　口径16.5／17厘米
清宫旧藏

Painted enamel begonia-shaped flower-basket with peony design
Kangxi period, Qing Dynasty
Overall height: 13.5cm　Diameter of mouth: 16.5 / 17cm
Qing Court collection

花篮海棠花式，上有提梁，矮圈足。外施黄色珐琅釉地，篮身绘盛开的粉红色大朵牡丹，间饰蓝、藕荷色微绽小花四朵。篮内施天蓝色釉，提梁绘折枝花卉。底白釉，署紫红色"康熙御制"四字楷书款。

此器铜胎轻薄，釉色温润，色彩明快，通施黄色釉为地，是康熙末年画珐琅器繁荣时期的风格。当时由于宫廷珐琅作有广州和欧洲画珐琅匠师参与指导，共同为清宫烧制出了一批工艺水平很高的御用画珐琅器，此即为代表作之一。

186

画珐琅花蝶纹小壶
清雍正
通高8.2厘米　口径5.2厘米　足径5.7厘米
清宫旧藏

Small painted enamel teapot with flower and butterfly design
Yongzheng period, Qing Dynasty
Overall height: 8.2cm　Diameter of mouth: 5.2cm
Diameter of foot: 5.7cm
Qing Court collection

壶扁圆腹，夔纹曲流，环柄。盖顶錾花镶红珊瑚宝珠钮。通体施浅绿色珐琅釉地，上彩绘花蝶纹；壶内天蓝釉。底白釉，蓝色双方框内署"雍正年制"四字仿宋体款。

此壶小巧玲珑，造型雅致，制作精美，色彩斑斓，是同时期画珐琅器中的精品。

187

画珐琅花卉纹寿字卤壶

清雍正
通高13厘米　口径3.1厘米　足径4.1厘米
清宫旧藏

Painted enamel pot for holding bittern with design of flower and round characters "Shou" (longevity)
Yongzheng period, Qing Dynasty
Overall height: 13cm　Diameter of mouth: 3.1cm
Diameter of foot: 4.1cm
Qing Court collection

卤壶卵形，短流，螭形高柄，盖钮与柄相连。通体施黑色珐琅釉地，上饰十八朵各色勾莲花，每朵花的花芯托一个团"寿"字，花卉间饰十只飞舞的红蝙蝠。底白釉，署蓝色"雍正年制"四字楷书款。

卤壶因用作盛卤汁而得名。此器形制独特，纹饰吉祥，组成"福寿"图案，色彩对比强烈，喜用黑色釉是雍正时期画珐琅的一大特征。

188

画珐琅开光花果图寿字盏
清雍正
通高8.5厘米　盏口径5.1厘米
足径2.5厘米
托口径16厘米　足径12厘米
清宫旧藏

Painted enamel cup and saucer with fruit and floral design within reserved penals and decorated with characters "Shou" (longevity)
Yongzheng period, Qing Dynasty
Overall height: 8.5cm
Mouth diameter of cup: 5.1cm
Foot diameter of cup: 2.5cm
Mouth diameter of saucer: 16cm
Foot diameter of saucer: 12cm
Qing Court collection

盏直口，宝珠钮盖，圈足，下有盏托。盏施天蓝、黄色珐琅釉地，盖饰勾莲纹及"寿"字；盏外壁饰缠枝牡丹纹及"寿"字；盏托绘缠枝花及红蝙蝠衔"寿"字桃。盏及盏托各四开光，内绘梅花、月季和竹、荷花、桃蝠。盏托外壁绘缠枝桃、葫芦、佛手、灵芝。盏底及盏托底均施天蓝釉，宝蓝色双圈内署"雍正年制"四字仿宋体款。

此盏图案描绘工致，地色分别使用了浅蓝、黄以及当时非常流行的黑色等三种珐琅釉色，色彩鲜明，对比强烈，是雍正时期画珐琅工艺的精美之作。

189

画珐琅事事如意烛台
清雍正
高11.8厘米　中盘径11厘米　底径9.4厘米
清宫旧藏

Painted enamel candlestick with characters "Shi Shi Ru Yi", "Shi Fang Ping An"
Yongzheng period, Qing Dynasty
Height: 11.8cm　Diameter of middle tray: 11cm
Diameter of bottom: 9.4cm
Qing Court collection

烛台由底座，中托盘和烛扦三部分组成。通体施浅蓝色珐琅釉为地，底座饰彩色缠枝莲花八朵，每朵花芯均为一黄地开光，内分别书"事事如意，十方平安"八字。中托盘饰缠枝莲和蔓草纹。底浅蓝釉，署黑色"雍正年制"四字仿宋体款。

烛台造型庄重，纹饰鲜明，是当时宫内置于案几上的照明用具。

190

画珐琅花蝶纹玻璃天球冠架
清雍正
高38.3厘米　球径14.8厘米　底径5.4厘米
清宫旧藏

Painted enamel globular hat-stand with butterfly and floral design
Yongzheng period, Qing Dynasty
Height: 38.3cm　Diameter of globe: 14.8cm
Diameter of bottom: 5.4cm
Qing Court collection

冠架由冠伞、梃手、底座三部分组成，冠伞为水银玻璃天球形，下承画珐琅浅碗式托，梃手为瓶式柱，底座覆盘式，下置紫檀木圆座。分层以黄色和黑色珐琅釉为地，球托饰缠枝花卉纹；梃手绘彩色勾莲、牡丹、堆花纹；底座饰彩色缠枝莲纹。梃柱中间蓝色方框内署"雍正年制"四字仿宋体款。

冠架是用以放置冠帽的器具，是宫廷内一种实用器，有玉、漆、木、瓷等多种质地。清雍正年间创制了天球式冠架这一画珐琅器造型。

191 画珐琅开光花鸟图唾盂
清雍正
高8.1厘米　口径9.2厘米　足径5.4厘米
清宫旧藏

Painted enamel spittoon with design of flowers and birds within reserved panels
Yongzheng period, Qing Dynasty
Height: 8.1cm　Diameter of mouth: 9.2cm
Diameter of foot: 5.4cm
Qing Court collection

唾盂侈口，短颈，阔腹，圈足。口沿、足边镀金。通体施天蓝色珐琅釉为地，上饰蕉叶和缠枝莲纹，腹部有四个黄地橘形开光，内绘竹鸟、荷花、花蝶、梅花四季花鸟图。底绘绿叶折枝福橘、红蝙蝠。橘中心署蓝色"雍正年制"四字楷书款。

唾盂图案设计清新，色彩明丽，做工精细，体现出雍正时期画珐琅工艺的制作水平。

192

画珐琅缠枝莲纹六孔瓶
清雍正
高11.6厘米　口径4.9厘米　足径6厘米
清宫旧藏

Painted enamel vase with six-spouts decorated with design of interlocking sprays of lotus
Yongzheng period, Qing Dynasty
Height: 11.6cm　Diameter of mouth: 4.9cm
Diameter of foot: 6cm
Qing Court collection

瓶侈口，肩部环五孔，鼓腹，圈足。通体施黄色珐琅釉为地，满饰彩色缠枝莲纹；肩及足部饰黑色釉地折枝花纹。底白釉，署蓝色"雍正年制"四字楷书款。

此瓶造型新颖，色彩明快，以黄、红、绿为主色调，具有浓郁的宫廷工艺风格。

193 画珐琅花蝶纹带托香插

清雍正
高11.7厘米　插口径1.1厘米　盘口径20.5/12.4厘米
清宫旧藏

Painted enamel incense-receptacle with saucer decorated with design of butterflies and flowers
Yongzheng period, Qing Dynasty
Height: 11.7cm　Diameter of mouth: 1.1cm
Diameter of saucer: 20.5 / 12.4cm
Qing Court collection

香插小口，尊式颈，委角方形腹，高圈足。下连海棠花式托盘，盘下置海棠花式木座。香插腹部黄色珐琅釉地饰卷草纹，四面开光，内彩绘并蒂莲、桃蝠等花蝶纹，托盘心绘缠枝花卉和彩蝶纹。底蓝色双方框内署"雍正年制"四字仿宋体款。

此香插造型秀美，胎体成型工艺复杂，珐琅釉色彩和谐，图案描绘用笔工致。

194

画珐琅桃式洗
清雍正
高7.5厘米　口径6.2厘米
清宫旧藏

Painted enamel peach-shaped brush washer
Yongzheng period, Qing Dynasty
Height: 7.5cm　Diameter of mouth: 6.2cm
Qing Court collection

洗为双桃形，两桃之间以古铜色树干相连。洗的颜色如刚成熟的桃实，呈果绿色，尖部渐变成红色，桃上点缀绿叶与两只红色蝙蝠。洗内施蓝色珐琅釉。底署黑色"雍正年制"四字楷书款。

洗的造型构思巧妙，形象极为生动。双桃上绘以双蝙蝠，寓意"福寿双全"。这件器物展示出雍正时期画珐琅的工艺水平。

195

画珐琅莲托八宝纹筒炉
清雍正
高10.4厘米　口径13.6厘米
清宫旧藏

Painted enamel cylindrical censer with design of lotuses supporting miscellaneous treasures
Yongzheng period, Qing Dynasty
Height: 10.4cm　Diameter of mouth: 13.6cm
Qing Court collection

炉为樽式，敞口，下承三足。外壁如意云头套勾海石榴纹形成八开光，开光内施淡蓝色珐琅釉地，绘莲托八宝，莲花下池水涌动。开光外黑地饰折枝花。炉内施蓝色珐琅釉。底黄釉，绘两只首尾相接的彩凤，中心处双螭纹环抱蓝色"雍正年制"四字楷书款。

此炉纹饰描绘工整，釉质细腻，器表光润，款式处理别致。

196

画珐琅八宝莲花纹法轮
清雍正
高22厘米　轮径12.3厘米　足径10厘米
清宫旧藏

Painted enamel wheel-of-Dharma with design of lotus and Eight Buddhist Emblems
Yongzheng period, Qing Dynasty
Height: 22cm　Diameter of wheel: 12.3cm
Diameter of foot: 10cm
Qing Court collection

法轮镂空辐，下有底座。辐两面绘轮、螺、伞、盖、花、瓶、鱼、结八宝莲花纹，毂绘菊花纹，轮外缘饰云头式和叶式齿各四，下置画珐琅覆钵式底座，座上饰联珠纹和俯仰莲纹。底绘团花，花瓣一侧署蓝色"雍正年制"四字楷书款。

法轮是佛法的象征，比喻佛法如战车之轮，无坚不摧。此器为宫廷佛堂供具，所饰八宝为藏传佛教的吉祥纹饰。

197

画珐琅牡丹图执壶
清乾隆
通高9厘米　宽14.5厘米
清宫旧藏

Painted enamel ewer with peony design
Qianlong period, Qing Dynasty
Overall height: 9cm　Width: 14.5cm
Qing Court collection

执壶扇面形，曲流，弯柄。通体黄色珐琅釉为地，盖饰粉红色秋葵，钮为花蕾。肩部饰缠枝花，壶身四面均绘写生牡丹，花朵娇艳，有"赵粉"、"葛巾紫"、"蓝田玉"等品种。底白釉，方框内署"乾隆年制"四字楷书款。

此壶造型优美，花纹富丽，釉色细腻光滑，具有豪华富丽的皇家工艺风格。

198

画珐琅勾莲纹压柄壶
清乾隆
通高10厘米　口径5.8厘米　足径4.3厘米
清宫旧藏

Painted enamel press-handle ewer with delineated lotus design
Qianlong period, Qing Dynasty
Overall height: 10cm　Diameter of mouth: 5.8cm
Diameter of foot: 4.3cm
Qing Court collection

壶鼓形，平底，铜镀金流，曲柄。盖上有一压把，轻轻一摁，壶盖随之开启。壶通体施白色珐琅釉地，饰宝蓝色花卉，盖饰四朵折枝花，壶身饰勾莲纹，口、足处相对饰如意云头纹。底白釉，署蓝色"乾隆年制"四字楷书款。

此壶仿青花瓷的效果，色彩素雅，画工精细，是乾隆时期画珐琅仿制其他工艺品的代表作。

199

画珐琅团花纹提梁壶
清乾隆
通高17.3厘米　口径5.3厘米
足径5.3厘米
清宫旧藏

Painted enamel loop-handled teapot with posy design
Qianlong period, Qing Dynasty
Overall height: 17.3cm
Diameter of mouth: 5.3cm
Diameter of foot: 5.3cm
Qing Court collection

壶为瓜棱形，共六棱，直提梁，曲流，花瓣式盖，宝珠钮。通体施白色珐琅釉地，上绘各色团锦花，提梁、口下沿、足上边饰折枝花。底白釉，蓝色双圈内署"乾隆年制"四字楷书款。

此壶所饰团花由不同的朵花图案组成，轮廓相似，在形式统一中又富有变化。花的颜色达十几种之多，色彩典雅和谐。此壶是乾隆时期画珐琅器中的佳作。

200

画珐琅菊花纹壶
清乾隆
通高9.1厘米　口径6厘米　足径6厘米
清宫旧藏

Painted enamel pot with chrysanthemum design
Qianlong period, Qing Dynasty
Overall height: 9.1cm　Diameter of mouth: 6cm
Diameter of foot: 6cm
Qing Court collection

壶方形，圆角，口、盖、足均作菊瓣式，铜镀金嵌画珐琅朵菊纹方流，环形柄。壶身黄色珐琅釉地上彩绘菊花纹，四面凸起椭圆形铜镀金菊瓣式开光，内饰彩釉菊花纹。底白釉，蓝色双圈内署"乾隆年制"四字楷书款，款识字体不甚工整。

此壶凸起的铜镀金菊瓣式开光金光闪烁，形式新颖别致，早期不曾出现。

201

画珐琅八棱开光提梁壶
清乾隆
通高37.8厘米　口径8.8厘米　足径13.3厘米
清宫旧藏

Painted enamel octagonal loop-handled-teapot with eight reserved panels
Qianlong period, Qing Dynasty
Overall height: 37.8cm　Diameter of mouth: 8.8cm
Diameter of foot: 13.3cm
Qing Court collection

壶呈八棱形，上置镀金嵌金星料提梁，镀金曲流，下置铜镀金"S"型足架，架内为一可盛燃油的画珐琅菊花纹小盒，点燃后，可以加温。壶身八面开光，开光内相间排列设色山水和花鸟图各四幅。壶底及油盒底均署"乾隆年制"四字款。

提梁壶的制作集中了金属、珐琅和料器等多种工艺。其造型仿西洋式样，而图案花纹则是中国传统的山水花鸟画，用笔工致，当出自宫内名家手笔。此壶是一件融东、西方文化为一体的画珐琅精品。

202

画珐琅开光花鸟山水图盖碗
清乾隆
通高26.9厘米　口径24.1厘米　足径11.2厘米
清宫旧藏

Painted enamel covered-bowl with design of flowers, birds and landscapes within reserved panels
Qianlong period, Qing Dynasty
Height: 26.9cm　Diameter of mouth: 24.1cm
Diameter of foot: 11.2cm
Qing Court collection

碗浅弧腹，圈足，铜镀金嵌绿料珠方扳碗盖，盖顶錾莲花垂叶纹，两侧置铜镀金摩羯耳，下置掐丝珐琅垂云式四足圆座。碗外壁一周饰大小开光，内分别彩绘花鸟和设色山水图。底绿釉，蓝色方框内署"乾隆年制"四字楷书款。

此碗形制颇大，装饰上追求铜镀金錾花效果，绘工精美，掐丝珐琅和画珐琅工艺相结合，相得益彰，是宫廷中的陈设器。

203 画珐琅丹凤纹盖碗

清乾隆
通高8.3厘米　碗口径11厘米　碟口径22.5厘米
清宫旧藏

Painted enamel covered bowl with phoenix design
Qianlong period, Qing Dynasty
Overall height: 8.3cm　Mouth diameter of bowl: 11cm
Mouth diameter of saucer: 22.5cm
Qing Court collection

盖碗侈口，圈足，盖为覆盏式。盖、碗均施黄色珐琅釉地，上绘凤凰飞翔，牡丹竞放。底为白色釉地，蓝色方框内署"乾隆年制"四字宋体款。碗下承花瓣式碗碟，折沿，中心凸起碗槽，槽内绘红牡丹，碟内底绘彩凤盘旋飞翔，内外壁饰蟠螭纹。底满饰牡丹纹，中心白地，署红色"乾隆年制"四字仿宋体款。

盖碗胎壁厚重，碗碟造型新颖而又不失规整，特别是碟折沿施白色地，勾蓝色忍冬纹，色彩在富丽中求素雅，对比鲜明。

204

金胎画珐琅花卉纹云耳盏
清乾隆
通高7.5厘米　杯口径5.5厘米　盘口径18.5厘米
清宫旧藏

Painted enamel gold-bodied cup with cloud-patterned ears decorated with floral design
Qianlong period, Qing Dynasty
Overall height: 7.5cm　Mouth diameter of cup: 5.5cm
Mouth diameter of saucer: 18.5cm
Qing Court collection

盏、托盘为一套。盏两侧有镀金云纹耳。盘为菱花式，正中凸起。盏施黄色珐琅釉为地，口沿下饰蓝色如意云头纹，外壁绘彩色缠枝花卉，近足处饰仰莲纹。托盘为黄地绘红蝙蝠缠枝花。盏与盘底均为湖蓝釉，署宝蓝色"乾隆年制"四字仿宋体款。

此器色彩富丽，具有皇家工艺特色。据清宫造办处档案记载，乾隆皇帝去河北易县西陵谒其父雍正帝陵时，特命造办处制作"金胎珐琅盏盘"，并下令，只有乾隆皇帝亲祭时才能使用，否则不准动。由此可见其重要性。

205 金胎画珐琅花卉纹夔耳盏

清乾隆
通高9.7厘米　杯口径9.7厘米　盘口径20.3厘米
清宫旧藏

Painted enamel gold-bodied cup Kui-dragon-shaped ears decorated with floral design
Qianlong period, Qing Dynasty
Overall height: 9.7cm　Mouth diameter of cup: 9.7cm
Mouth diameter of saucer: 20.3cm
Qing Court collection

盏、托盘为一套。盏唇口，两侧饰夔形耳，双耳顶端嵌有珍珠。盘折沿，中心凸起。盏施黄色珐琅釉地，口沿下饰蓝色回纹，外壁绘彩色缠枝花卉。盘折边为红色釉地，五开光，内绘牡丹、荷花、月季、萱草、茶花等四季花卉，内壁绘火焰宝珠蟠螭纹。盏和盘底均为湖蓝釉，署宝蓝色"乾隆御制"四字仿宋体款。

以金胎制作画珐琅器，造价昂贵，只有皇帝才能享用，是一种至尊的象征。

206 金胎画珐琅西洋少女图卷草纹耳盏

清乾隆
通高15.8厘米　杯口径4.5厘米　盘口径14厘米
清宫旧藏

Painted enamel gold-bodied cup with grass-scroll-patterned ears decorated with design of western ladies
Qianlong period, Qing Dynasty
Overall height: 15.8cm　Mouth diameter of cup: 4.5cm
Mouth diameter of saucer: 14cm
Qing Court collection

盏、托盘为一套。盏唇口，两侧饰金卷草纹耳。盘为菱花式口，中心凸起。盏、盘均錾花镀金填绿色珐琅釉，盏外壁两面开光，内绘彩色西洋少女。盘边八开光，内绘胭脂色西洋风景，盘内底四开光，内绘彩色西洋美女。盏与盘底均施湖蓝釉地，中心镀金，錾阴文"乾隆年制"四字楷书款。

此杯无论色彩还是纹饰，都具有典型的欧洲装饰风格，并绘以西洋人物与建筑。这是乾隆皇帝吸收西洋文化的一个例证。

207

画珐琅葵花式大碗
清乾隆
高6.7厘米　口径13.3厘米　足径10.7厘米
清宫旧藏

Painted enamel large sunflower-petal-shaped bowl
Qianlong period, Qing Dynasty
Height: 6.7cm　Diameter of mouth: 13.3cm
Diameter of foot: 10.7cm
Qing Court collection

碗呈开放的葵花形，圈足。碗内心饰彩色珐琅釉宝相花，内壁黄、蓝两色地勾出葵花瓣，花瓣上绘彩蝶飞舞，外壁饰缠枝花。底湖蓝釉，宝蓝色方框内署"乾隆年制"四字宋体款。

此碗造型采用了新颖的葵花形，加上清丽的花蝶图案，生动活泼，使器物形状与装饰内容达到了完美的统一。

208

画珐琅开光山水人物图瓜棱盒
清乾隆
通高14.9厘米　口径17.5厘米　足径12.2厘米
清宫旧藏

Painted enamel melon-shaped box with design of landscapes and figures within reserved panels
Qianlong period, Qing Dynasty
Overall height: 14.9cm　Diameter of mouth: 17.5cm
Diameter of foot: 12.2cm
Qing Court collection

盒呈瓜棱形，盖顶錾花莲纹宝珠钮。通体黄色珐琅釉地，绘彩釉西番莲纹，并饰白色地如意云头式开光，开光内分别绘山水风景、西洋妇婴图和牡丹、荷花等花卉。底白釉，署"乾隆年制"四字仿宋体款。

此盒图案设计繁密规整，题材内容丰富，制作工艺精益求精，反映出乾隆时期画珐琅工艺制作的特点。

209

画珐琅番莲纹菊瓣式盒
清乾隆
高3.4厘米　口径8.6/11厘米
底径8.6/11厘米
清宫旧藏

Painted enamel chrysanthemum-petal-shaped box with passionflower design
Qianlong period, Qing Dynasty
Height: 3.4cm
Diameter of mouth: 8.6 / 11cm
Diameter of bottom: 8.6 / 11cm
Qing Court collection

盒为铜胎镀金，椭圆形八瓣菊花式。通体施藕荷色地，盖、盒各绘彩色番莲八朵，盖心饰团花。底黄釉地开光，内饰莲花，中心白釉，蓝色双方框内署"乾隆年制"四字仿宋体款。

此盒造型规整，胎体厚重，釉色有黄、橘黄、白、蓝、浅蓝、宝蓝、浅绿、碧绿、粉、红、紫红、藕荷等十二种，釉料莹润，色彩斑斓，为乾隆时期画珐琅器中的佳作。在康熙年间也曾制作过同类型的盒。

210

画珐琅开光花鸟图梅花式屉盒
清乾隆
通高12.5厘米　口径17.8厘米　底径18.5厘米
清宫旧藏

Painted enamel plums-blossom-shaped box with two trays decorated with design of flowers and birds within reserved panels
Qianlong period, Qing Dynasty
Overall height: 12.5cm　Diameter of mouth: 17.8cm
Diameter of bottom: 18.5cm
Qing Court collection

盒为二层梅花式，盖有宝珠钮。盖面用镀金线分成五瓣，每瓣内有圆形开光，开光内绘秋艳图，有菊花、秋葵、月季、梅花、天竹等，开光外饰黄色釉锦地和蓝色蝙蝠纹。上层盒壁有长方形开光，内绿地镀金錾刻花纹。下层为黄色釉地饰蓝色双螭纹。底湖蓝釉，署宝蓝色"乾隆年制"四字仿宋体款。

此器造型别致，纹饰繁缛而有条不紊，尤其是錾刻工艺的运用，使之更具华丽的效果。

211

画珐琅花鸟图镂空天球冠架
清乾隆
高31.3厘米　球径11厘米　底径13.2厘米
清宫旧藏

Painted enamel globular hat-stand in openwork decorated with bird and flower design
Qianlong period, Qing Dynasty
Height: 31.3cm　Diameter of globe: 11cm
Diameter of bottom: 13.2cm
Qing Court collection

冠架由冠伞、梃手、底座三部分组成。冠伞为镂空天球形，镂有十三个圆孔，梃手为罐形，底座为覆碗式。通体主要施明黄色珐琅釉为地，饰缠枝各色花卉纹。梃手三开光，内绘花鸟图，外饰花卉；冠伞、底座均饰花卉纹。底古铜釉，錾阴文"乾隆年制"四字楷书款。

冠架是放帽子的用具，一般置于皇帝及后妃经常活动的场所。此冠架造型美观，绘制精细，既是一件实用器，又是一件耐人玩赏的陈设器。

212

画珐琅母子图提梁卣
清乾隆
通梁高18.9厘米　口径5.3厘米　足径6.6厘米
清宫旧藏

Painted enamel loop-handled jar with mother-and-child design
Qianlong period, Qing Dynasty
Overall height: 18.9cm　Diameter of mouth: 5.3cm
Diameter of foot: 6.6cm
Qing Court collection

提梁卣直口，鼓腹，肩部有螭耳，耳上方有提梁，宝珠钮盖。盖面绘彩色缠枝花，腹施黄色珐琅釉地，绘彩色缠枝花，上有双凤纹开光，内绘庭园母子图和花鸟图。底白釉，蓝色方框内署"乾隆年制"四字仿宋体款。

提梁卣仿自青铜器造型，古代时为盛酒器，此器制作精巧雅致，纹饰工整，绘画技法极佳，釉质细腻，色彩艳丽，为乾隆年间人物题材画珐琅器中之精品。

213 画珐琅团花纹六方瓶
清乾隆
高36.4厘米　口径14.3厘米　足径13.9厘米
清宫旧藏

Painted enamel hexagonal vase with posy design
Qianlong period, Qing Dynasty
Height: 36.4cm　Diameter of mouth: 14.3cm
Diameter of foot: 13.9cm
Qing Court collection

瓶为六方形，束颈，高足外撇。通体施白色珐琅釉地，除颈、足两端饰彩色折枝花外，其余皆饰团花图案，花形各异，有六瓣、八瓣及多瓣，色彩有深紫、宝蓝、橘黄、淡绿等。底白釉，蓝色双圈内署"乾隆年制"四字楷书款。

此瓶纹饰活泼，疏密得当，色彩醒目柔和，是清宫内精美的陈设品。

214

画珐琅冰梅纹瓶
清乾隆
高20厘米　口径7.2厘米　足径5.7厘米
清宫旧藏

Painted enamel vase with design of ice crackles and plum blossoms
Qianlong period, Qing Dynasty
Height: 20cm　Diameter of mouth: 7.2cm
Diameter of foot: 5.7cm
Qing Court collection

瓶为瓜棱形，花瓣式口，圈足外撇。通体施宝蓝色珐琅釉地，饰冰梅纹，用金色勾出不规则的冰裂纹，用红、白色釉描绘出一朵朵梅花，黄芯绿蕊。底白釉，红色双方框内署"乾隆年制"四字楷书款。

此瓶纹饰格调高雅，别具风韵，以蓝釉色描金为地显得十分尊贵。

215 画珐琅花纹海棠式瓶
清乾隆
高50.5厘米　口径16厘米　足径14厘米
清宫旧藏

Painted enamel begonia-shaped vase with floral design
Qianlong period, Qing Dynasty
Height: 50.5cm　Diameter of mouth: 16cm
Diameter of foot: 14cm
Qing Court collection

瓶为海棠花式，束颈，瓶体修长，近肩处两侧有铺首衔环耳。通体锤鍱隐起法国建筑洛可可式"洋花"图案，并加以描金，间饰画珐琅写生百花。腹部两面开光，内绘西洋风景人物画。底白釉，蓝色方框内署"大清乾隆年制"六字篆书款。

此瓶为当时广州专为宫廷制作的贡品，珐琅釉色鲜艳明亮，光泽甚强，纹饰为典型的仿西洋画珐琅风格。此种有舒卷自如的蔓草番花纹样和西洋楼阁、风景、妇婴等绘画的风格，为广州画珐琅的地方特色。它的形成与演变是受欧洲画珐琅及油画的影响，至乾隆时期这种风格更趋明显，对当时珐琅制造业具有很大的影响。

216 画珐琅几何纹方壶

清乾隆
通高17厘米　口径5.2厘米　足边长5.5/4.3厘米
清宫旧藏

Painted enamel square pot with geometric design
Qianlong period, Qing Dynasty
Overall height: 17cm　Diameter of mouth: 5.2cm
Length of foot brim: 5.5 / 4.3cm
Qing Court collection

壶为方形，鼓腹，肩有铜镀金螭耳，宝珠钮盖。通体施白色珐琅釉地，上绘红色釉菱形、回纹、十字花等几何形图案。底白釉，蓝色双方框内署"乾隆年制"四字楷书款。

此壶之造型与纹饰均仿自古代青铜器和彩绘陶器，图案简洁舒朗，色彩鲜丽明快，是乾隆时期画珐琅仿古精品。

217 画珐琅蝠寿双耳活环瓶
清乾隆
高15.3厘米　口径4.1厘米　足径6.1厘米
清宫旧藏

Painted enamel vase with two ears holding movable ring decorated with design of bats around character "Shou" (longevity)
Qianlong period, Qing Dynasty
Height: 15.3cm　Diameter of mouth: 4.1cm
Diameter of foot: 6.1cm
Qing Court collection

瓶撇口，束颈，垂腹，外展足。通体施天青色珐琅釉地，口沿下饰蓝色云头纹及乳钉纹，颈饰蕉叶纹，两侧饰铜镀金双耳内套活环。腹部绘粉色五蝠捧寿，其上下绘粉色流云。足墙以蓝釉饰海水纹。底白釉，红色方框内署"大清乾隆年制"六字篆书款。

此瓶造型古朴小巧，仿自古代青铜器，釉色淡雅，制作精细。

218

画珐琅花蝶团锦纹盖罐
清乾隆
高38.7厘米　口径11.2厘米　足径12.9厘米
清宫旧藏

Painted enamel covered jar with design of flowers, butterflies and brocaded medallion
Qianlong period, Qing Dynasty
Height: 38.7cm　Diameter of mouth: 11.2cm
Diameter of foot: 12.9cm
Qing Court collection

罐侈口，长颈，鼓腹下敛，宝珠钮盖。通体施白色珐琅釉地，盖、颈部饰彩色团花纹，肩部饰夔凤纹、如意云头纹，腹部四面绘彩蝶、团花及各色团锦纹。底白釉，署蓝色"乾隆年制"四字楷书款。

此盖罐造型仿自古代青铜器，体大而端庄，图案既富于变化又和谐统一，是乾隆时期宫中的画珐琅陈设用器。

219

画珐琅葵花盖唾盂
清乾隆
通高9.4厘米　长12.1厘米
宽10.1厘米
清宫旧藏

Painted enamel spittoon with sunflower-shaped cover
Qianlong period, Qing Dynasty
Overall height: 9.4cm
Length: 12.1cm
Width: 10.1cm
Qing Court collection

唾盂为长方委角形，折沿，内有胆。盖饰葵花，以钮为花蒂，形似一朵倒置的秋葵花，折沿饰缠枝花。外壁施黄色珐琅釉地，绘写生牡丹。胆为浅蓝色地饰描金花卉，有月季、灵芝、葫芦、桃花等。底白釉，署蓝色"乾隆年制"四字楷书款。

唾盂为清宫中生活用器，常置于皇帝宝座旁及寝宫中。此唾盂所饰珐琅釉细腻光润，表面有玻璃质光泽，是乾隆画珐琅中釉质最好的器物之一。故宫藏画珐琅器中带有乾隆款的唾盂仅此一件，这与清宫造办处档案中曾记载的乾隆皇帝谕旨："以后做唾盂不要带款"有直接关系。

220

画珐琅牡丹纹花篮
清乾隆
通高13.6厘米　口径14.9/18.7 厘米　足径8.7厘米
清宫旧藏

Painted enamel flower-basket with peony design
Qianlong period, Qing Dynasty
Overall height: 13.6cm　Diameter of mouth: 14.9 / 18.7cm
Diameter of foot: 8.7cm
Qing Court collection

花篮为海棠花瓣式，上连镀金画珐琅提梁，镀金圈足。通体施黄色珐琅釉地，绘盛开的红色牡丹花，并点缀红、蓝荷花，寓意"祥和富贵"。底白釉，署红色"乾隆年制"四字楷书款。

此花篮造型简练，牡丹花纹饰富丽华贵，色彩鲜艳。此器金属成型和镀金工艺与绘饰技法俱佳，是我国珐琅器制造业辉煌时期的作品。

221

画珐琅母子图盆
清乾隆
高7.9厘米　口径37.4厘米
底径26.9厘米
清宫旧藏

Painted enamel basin with mother-and-child design
Qianlong period, Qing Dynasty
Height: 7.9cm
Diameter of mouth: 37.4cm
Diameter of bottom: 26.9cm
Qing Court collection

盆为折沿菱花形，平底。盆施黄色珐琅釉地，内壁饰勾莲纹，外壁饰螭纹，折沿饰蝙蝠纹。盆内底施白釉地绘《母子图》，庭院中的梧桐树下，两位头束高髻、衣着华丽的贵妇，一位手持团扇端坐倾听，另一位吹箫，院内二童子正在兴致勃勃地斗蟋蟀。底黄釉，绘蓝色夔凤，中心处为蓝色双螭纹环抱红色"大清乾隆年制"六字篆书款。

盆为清宫中的日常生活用具。此盆纹饰描绘精致，特别是《母子图》画得清雅幽静，具有浓郁的生活气息。

222

画珐琅母子图笔筒
清乾隆
高11.7厘米　口边长9.1/9.1厘米　足边长8.1/8.1厘米
清宫旧藏

Painted enamel brush-holder with mother-and-child design
Qianlong period, Qing Dynasty
Height: 11.7cm　Length of mouth brim: 9.1 / 9.1cm
Length of foot brim: 8.1 / 8.1cm
Qing Court collection

笔筒方形委角，重底式足。四面施黄色珐琅釉地，上饰红蝙蝠及蓝色蟠螭纹，长方形委角开光内绘凭窗人物及《母子图》，四角饰开光胭脂色山水图。底天蓝釉，署宝蓝色"乾隆年制"四字仿宋体款。

此器画面人物神态刻画细腻生动，用笔工致，体现出乾隆时期人物题材画珐琅的制作水平。

223

画珐琅开光花蝶图水盂
清乾隆
通高2.1厘米　口径3.5/2.7厘米　足径3.1/2.3厘米
清宫旧藏

Painted enamel Yu (for holding water) with flower and butterfly design within reserved panels
Qianlong period, Qing Dynasty
Height: 2.1cm　Diameter of mouth: 3.5 / 2.7cm
Diameter of foot: 3.1 / 2.3cm
Qing Court collection

水盂为椭圆形，口沿处留有匙柄豁齿，盖面微凸，圈足。水盂以黄色珐琅釉为地，饰彩色花卉纹，前后两面有云头形开光，内绘山石、月季、蝴蝶，左右圆开光，内绘番莲纹。底白釉，蓝色双方框内署"乾隆年制"四字楷书体款。

此器一名"水丞"，为文房用具，造型精巧别致，图案描绘秀丽，色彩明丽。

224

画珐琅牡丹图水盂
清乾隆
高12.9厘米　口径14.5厘米　足径12.6厘米
清宫旧藏

Painted enamel Yu (for holding water) with peony design
Qianlong period, Qing Dynasty
Height: 12.9cm　Diameter of mouth: 14.5cm
Diameter of foot: 12.6cm
Qing Court collection

盂敛口，鼓腹，圈足。通体施黄色珐琅釉地，饰彩釉缠枝莲纹，四面有勾云形开光，内绘《牡丹图》。底白釉，红色双方框内署"乾隆年制"四字楷书款。

水盂为文房用具，储水器。

225

画珐琅开光瓜蝶纹五供

清乾隆
炉通高22.6厘米　口径12.9厘米
烛台高22.7厘米　足径9.7厘米
花觚高22.2厘米　口径11.5厘米
清宫旧藏

Painted enamel Five Offerings decorated with melon and butterfly design within reserved panels
Qianlong period, Qing Dynasty
Censer: Overall height: 22.6cm　Diameter of mouth: 12.9cm
Candlestick: Height: 22.7cm　Diameter of foot: 9.7cm
Gu: Height: 22.2cm　Diameter of mouth: 11.5cm
Qing Court collection

五供是佛堂前的供器，计有炉一件、烛台两件、花觚两件。此五器均为铜胎，通体施天蓝色珐琅釉地，饰彩色勾莲纹。炉、花觚腹部及烛台座各有铜镀金卷草形开光，开光内浅绿色地饰彩色瓜蝶、葫芦纹。炉肩、烛台座上有铜镀金莲瓣纹，花觚有铜镀金蕉叶纹。底白釉，红色双方框内署"乾隆年制"四字楷书款。

此五供施釉色达十三种之多，其釉色莹润匀净，花纹描绘精细，造型规整，镀金灿烂，充分显示出乾隆时期画珐琅的高超技艺。

226

画珐琅花卉纹炕桌
清乾隆
高34.5厘米　长88.5厘米　宽53厘米
清宫旧藏

Painted enamel Kang-table with floral design
Qianlong period, Qing Dynasty
Height: 34.5cm　Length: 88.5cm　Width: 53cm
Qing Court collection

炕桌长方形桌面，如意形腿。通体施黄色珐琅釉为地，彩绘缠枝花卉，桌面用铜条镶嵌出长方形开光，梯形桌边内绘粉红色螭纹边饰。裙边上绘蓝色螭纹。底为两条蓝色螭纹环抱红釉"大清乾隆年制"六字篆书款。

此器所施釉色纯正艳丽，釉质细腻莹润，极富光泽。花纹富丽，工艺技法极其考究，从此器可管窥乾隆时期画珐琅工艺所达到的水准。

227

画珐琅镂孔罩缠枝花纹炭盆
清中期
通高72厘米　盆口径54.8厘米
清宫旧藏

Painted enamel charcoal brazier with an openwork cover decorated with floral design
Middle Qing Dynasty
Overall height: 72cm　Diameter of brazier: 54.8cm
Qing Court collection

炭盆为浅弧壁，折沿口，平底，下承三兽首足，上有镂孔钟式罩，顶置葫芦形钮。盆施中黄色珐琅釉为地，以粉红、草绿、浅蓝、淡紫等彩釉绘缠枝花卉纹。罩镂孔减地，以草绿、中黄、浅蓝、粉红、淡紫等珐琅釉绘缠枝花卉纹，壁中部饰粉红色釉五蝙蝠，五蝠翅相勾连，形成开光，开光内用宝蓝色釉书团"寿"字。

此盆为宫廷中用作燃炭取暖的器具，造型源自唐代瓷器，简练大方；色彩鲜艳，盆以暖色调为主，罩以中色调为主，制作讲究，是清代中期广州地区制造的佳作。

228

画珐琅镶玻璃八方宫灯
清中期
通高113.5厘米
清宫旧藏

Painted enamel octagonal palace lantern inlaid with glass
Middle Qing Dynasty
Overall height: 113.5cm
Qing Court collection

宫灯上下分成三组，上为画珐琅彩釉勾莲纹僧帽式顶盖，顶上置铜钩，可悬挂。中接铜胎蓝釉画珐琅框架组成八方束腰双连式灯罩，罩面镶彩绘玻璃。下部设彩釉画珐琅束腰台式底座。灯之四角悬垂料珠串成的璎珞和红色丝穗。

此宫灯高大华丽，工艺精致，保存完好，实为难得的画珐琅珍品。其总体特征体现出清代中期广州制造的风格，为地方官员献给皇帝的贡品。

229

画珐琅山居图灯笼尊
清中期
高27厘米　口径9.1厘米　足径9.1厘米
清宫旧藏

Painted enamel lantern-shaped Zun with design of figures dwelling in mountains
Middle Qing Dynasty
Height: 27cm　Diameter of mouth: 9.1cm
Diameter of foot: 9.1cm
Qing Court collection

尊为灯笼形。通体施白色珐琅釉地，通景绘《山居图》，山间绿树桃花，小桥流水；青堂瓦舍，水榭草亭错落有秩；肩扛柴草的樵夫正走在桥上，水中一叶扁舟放任自流，一派安居乐业、渔樵避世的景象。

此尊造型及纹饰均仿瓷器，画面设色淡雅，意境闲适恬静。

243

230

画珐琅缠枝莲纹攒盒
清中期
通高14.2厘米　口边长48.2厘米　底边长49.2厘米
清宫旧藏

Painted enamel box set with design of interlocking sprays of lotus
Middle Qing Dynasty
Overall height: 14.2cm　Length of mouth brim: 48.2cm
Length of bottom brim: 49.2cm
Qing Court collection

攒盒扁方形，如意云头式委角，垂云式四足。盒外施蓝色珐琅釉地，彩绘缠枝莲纹，盒内置白釉地红色团"寿"字各式盘八个，底白釉无款。

此攒盒珐琅釉料鲜艳明亮，纹饰绘制工整精细，具有明显的广东珐琅器特点。

231

画珐琅瓜蝶纹菱花式攒盒
清中期
高15.3厘米　口径35.9厘米　底径24.5厘米
清宫旧藏

Painted enamel water-chestnut-shaped box set with melon and butterfly design
Middle Qing Dynasty
Height: 15.3cm　Diameter of mouth: 35.9cm
Diameter of bottom: 24.5cm
Qing Court collection

攒盒为八瓣菱花形，内有九个小盘。盒外面通体施黄色釉地，盖面中心以彩釉绘团花，周围满饰蝴蝶，外壁分八瓣蓝色开光，内绘磬、彩蝶、瓜纹。盒内小盘为蓝色地饰蝙蝠、团"寿"字纹。

此盒纹饰以瓜蝶纹组成"瓜瓞绵绵"吉祥图案。图案色彩浓艳，以外黄内蓝为主色调，间以红、绿、白等色，在相互协调的基础上，达到强对比的视觉效果。

232

画珐琅团栾节庆图方盒
清中期
高14.5厘米 口边长23.1厘米
底边长23.1厘米
清宫旧藏

Painted enamel square box with design of celebrating family reunion at festival
Middle Qing Dynasty
Height: 14.5cm
Length of mouth brim: 23.1cm
Length of bottom brim: 23.1cm
Qing Court collection

盒四方委角形，盖平面，平底。盒四面外壁为宝蓝色珐琅釉地上绘彩色番莲纹。盖面施白釉地，上绘《团栾节庆图》，几间草屋依山傍水，屋后一棵高大的木棉树红花争艳，屋檐下老翁依杖而立，庭园内十七个儿童正在玩耍，有的抖空竹，有的放鞭炮，有的放风筝，一幅团栾节儿孙满堂、共庆长寿的场面。左上角有乾隆御制诗一首。盒内附一银屉，上有九个随形格盘。

此盒造型端庄，构图繁密，釉色鲜艳，是清中期广州画珐琅作品。

233

画珐琅开光人物图缸
清中期
高28.3厘米　口径36.2厘米　底径23厘米
清宫旧藏

Painted enamel vat with figure design within reserved panels
Middle Qing Dynasty
Height: 28.3cm　Diameter of mouth: 36.2cm
Diameter of bottom: 23cm
Qing Court collection

缸直口，弧腹，平底。口外沿饰宝蓝色蟠螭纹，外壁施黄色珐琅釉地，饰彩色勾莲花和宝蓝色团螭纹，四面有灵芝纹开光，内绘《牧羊图》、《婴戏图》、《品茶图》、《祝寿图》。

此缸所饰图案绘工精致，人物形象生动传神，反映了太平盛世人们悠闲的生活与情趣。

234

画珐琅仙山琼阁图挂屏
清中期
高76厘米　宽110厘米
清宫旧藏

Painted enamel hanging panel with design of landscape and pavilion
Middle Qing Dynasty
Height: 76cm　Width: 110cm
Qing Court collection

挂屏为两幅一对，先锤鍱出山水楼阁轮廓，再用画珐琅工艺描绘而成。图中山岛耸峙，楼阁飞檐，云中仙鹤翱翔，松间呦呦鹿鸣。

锤鍱是将金属板披在花模上锤打，使金属板表面呈现出凹凸不平的浅浮雕状。此对挂屏的画面由于采用了锤鍱工艺，因而具有立体效果，别具一格。

235

画珐琅仙山琼阁图挂屏
清中期
高76厘米　宽110厘米
清宫旧藏

Painted enamel hanging panel with design of landscape and pavilion
Middle Qing Dynasty
Height: 76cm　Width: 110cm
Qing Court collection

此屏与前屏为一对，山石楼阁锤鍱而出，形成立体效果，再用珐琅釉绘出山水景物。图中山峰夹岸，树木丛生，水中一仙人采得灵芝仙草乘槎归来，与前屏组成一幅寓意为"鹤鹿同春"、"松鹤延年"的吉祥画图。

此对挂屏是广东地方官员进贡的贡品。

236

画珐琅玉堂富贵图瓶
清中期
高44厘米　口径14厘米　足径15.2厘米
清宫旧藏

Painted enamel vase with bird and flower design
Middle Qing Dynasty
Height: 44cm　Diameter of mouth: 14cm
Diameter of foot: 15.2cm
Qing Court collection

瓶撇口，直颈，鼓腹，平底。通体施紫红色珐琅釉地，通景绘《玉堂富贵图》，在蓝色山石上一只绶带鸟回首相望，石边雍容华贵的牡丹，色彩绚丽的月季、菊花、玉兰花竞相开放，玉兰树上栖着另一只绶带鸟。

此瓶器型大而庄重，釉色富丽，以工笔绘制花鸟，寓意吉祥，是清代画珐琅器中具有代表性的作品。

237

画珐琅秋艳图瓶
清中期
高19.2厘米 口径5.1厘米 足径4.5厘米
清宫旧藏

Painter enamel vase with floral design
Middle Qing Dynasty
Height: 19.2cm Diameter of mouth: 5.1cm
Diameter of foot: 4.5cm
Qing Court collection

瓶直口，短颈，圈足。口沿饰铜镀金錾花云纹，肩及足上饰铜镀金錾花蕉叶纹。通体施天蓝色珐琅釉为地，颈部绘缠枝菊花，腹通景绘彩色秋葵、菊花、月季等秋季花卉。底白釉无款。

此瓶造型小巧玲珑，釉色纯正明亮，纹饰绚丽，表现出秋高气爽、清新明快的气氛。视其风格特点，为广州地区制造。

238

广珐琅贴金锦袱纹瓶
清中期
高22.8厘米　口径7厘米　足径5.9厘米
清宫旧藏

Guang enamel vase with gold applique decorated with brocaded bundle design
Middle Qing Dynasty
Height: 22.8cm   Diameter of mouth: 7cm
Diameter of foot: 5.9cm
Qing Court collection

瓶撇口，短颈，圈足。口沿下及近足处饰描金花叶纹。通体绘深蓝色缠枝番莲纹，瓶身缠枝花纹上装饰彩花锦袱纹，上压绿釉贴金锦地装饰，并通罩透明珐琅釉，花纹透过罩釉若隐若现，更显雅气。瓶肩及腹下部饰描金八宝纹，不罩透明珐琅釉。

此瓶装饰纹样富有新意，通体施蓝、绿、黄三色，明快艳丽。先在胎上施珐琅釉色贴金，再罩以透明珐琅釉，是广州独创的珐琅工艺，清代时称其为"广珐琅"。此瓶是广东官员向宫廷进贡的贡品。

239

广珐琅贴金八宝纹攒盒
清中期
高16厘米　直径35.5厘米　足径24厘米
清宫旧藏

Guang enamel box set with design of Eight Buddhist Emblems in gold foils
Middle Qing Dynasty
Height: 16cm　Diameter: 35.5cm
Diameter of foot: 24cm
Qing Court collection

盒内储一铜屉，上置小攒盘12个。盒外面施蓝色珐琅釉地，贴镂银折枝花卉纹，上罩透明珐琅釉，再贴镂金八宝纹。盖面有圆形开光，中心饰团花纹，外环以如意云头纹。

此盒釉上釉下金、银花卉相互辉映，富丽典雅，别具一格。此种工艺系广州珐琅艺人所创造，享誉海内外。宫廷中的广珐琅制品，均为广东地方官员进贡的贡品。

240

广珐琅贴金银花卉纹洗
清中期
高12.7厘米　口径47厘米　底径16.5厘米
清宫旧藏

Guang enamel brush washer with floral design in gold and silver foils
Middle Qing Dynasty
Height: 12.7cm　Diameter of mouth: 47cm
Diameter of bottom: 16.5cm
Qing Court collection

洗侈口，折沿，平底微凹。通体以錾花水波纹为地，口沿及折沿处贴饰描金叶纹，内、外壁贴饰银片缠枝花卉纹和折枝花卉纹。

此器银片花纹及錾花水波纹若隐若现，描金花纹灿烂夺目，色彩绚丽，是广东地方官员贡进内廷的透明珐琅器中上佳之作。透明珐琅是广州一种珐琅釉，釉色透明光亮。

241 广珐琅描金夔纹双耳高足杯
清中期
高16.5厘米　口径18.3厘米　足径8.4厘米
清宫旧藏

Guang enamel stem cup with two eras decorated with Kui-dragon design in gold tracery
Middle Qing Dynasty
Height: 16.5cm　Diameter of mouth: 18.3cm
Diameter of foot: 8.4cm
Qing Court collection

杯侈口，弧腹，镀金夔纹双耳，高足。通体施仿古铜绿色透明珐琅釉，加描金夔纹、回纹、莲纹。口沿下、腹下及足上下嵌镀金錾花变形叶纹。底镀金，光素无款。

此器造型仿西洋式样，而其绿色透明珐琅釉又似瓷器中的古铜彩瓷，装饰华丽，色调凝重，是广东透明珐琅工艺中具有代表性的作品。

242 镀金画珐琅牡丹纹执壶

清嘉庆
通高23.9厘米　口径4.4厘米　足径7.1厘米
清宫旧藏

Painted enamel ewer with peony design in gold plate
Jiaqing period, Qing Dynasty
Overall height: 23.9cm　Diameter of mouth: 4.4cm
Diameter of foot: 7.1cm
Qing Court collection

壶铜胎镀金，长颈，垂腹，高流，环形如意头执柄，圈足外撇。盖钮及流、柄均为铜镀金。通体施黄色珐琅釉为地，颈饰彩色番莲花四朵，间缀勾莲纹，肩饰蓝色釉垂云纹，腹饰彩色牡丹纹，足上饰蓝紫釉垂叶纹，盖饰牡丹纹。足内白釉，蓝色双方框内署"嘉庆年制"四字楷书款。

此执壶为造办处珐琅作造，其造型典雅，制作精细，釉色滋润，五彩斑斓，是嘉庆早期画珐琅器中的代表作，工艺上还保持着乾隆时期的水平。嘉庆年制的画珐琅遗存极少，如此件精美之作，为该时期所仅见。

243

画珐琅花卉纹盏托
清嘉庆
高1.8厘米　口径19.8厘米
足径13.6厘米
清宫旧藏

Painted enamel cup saucer with floral design
Jiaqing period, Qing Dynasty
Height: 1.8cm
Diameter of mouth: 19.8cm
Diameter of foot: 13.6cm
Qing Court collection

盏托铜胎镀金，侈口，折沿，器心有凸起杯槽。槽周缘饰画珐琅蓝色蔓草纹及粉红色花瓣纹。内底施黄色珐琅釉地，饰彩色番莲纹，里壁施天蓝色珐琅釉地，饰彩色团花锦纹。折沿上施紫色珐琅釉地，开光内饰彩色牡丹纹，折沿下、外壁施素黄釉。底白釉，蓝色双方框内署"嘉庆年制"四字楷书款。

此盏托代表嘉庆时期画珐琅器的风格，造型规整实用，釉色比较简单，色彩缺乏鲜艳感，显示出嘉庆时期画珐琅工艺已开始走向衰落。

244

画珐琅大吉字葫芦瓶
清晚期
高38.6厘米　口径7.5厘米　足径13.1厘米
清宫旧藏

Painted enamel double-gourd-shaped vase with characters "Da Ji" (great luck)
Late Qing Dynasty
Height: 38.6cm　Diameter of mouth: 7.5cm
Diameter of foot: 13.1cm
Qing Court collection

瓶为葫芦形，口、足镀金。通体施浅蓝色珐琅釉为地，瓶身上下有蓝色螭纹开光，内为红色楷书"大"、"吉"二字。开光外饰彩色缠枝花卉纹，花卉以描金勾勒叶脉纹理，描绘细致规整，仿掐丝珐琅的效果。口沿下、束腰、近足处及足墙饰不同的蕉叶纹。

此瓶的造型、纹饰、釉色均与宫廷制珐琅器不同，具有浓厚的地方特色，属苏州造之风格，为清晚期慈禧太后庆寿时地方官员的贡品。